2023. 01. 01. ~ 2025. 06. 30.

최신 2.5개년 大法院 民事判例 총정리

민법(재산법+가족법)+민소법

변호사 정연석 著

정독
DEEP READING

2025년 머리말

본서의 효율성에 대하여 실로 많은 분들이 공감해주셨습니다.

올해는 최신판례를 조금 더 촘촘하게 수록한 것을 제외하고는, 초판의 취지와 장점을 그대로 유지하였습니다.

★표시로 중요도를 세분하였고, **사법연수원 실무수습**, **민사재판실무**, **요건사실론**에서 특히 강조된 최신판례는 빠짐없이 실었으며, **正辯 멘트**도 좀 더 상세하게 기재했습니다.

저의 2025년판 기본서「**로스쿨 민법/민사소송법/가족법의 정석**」으로 공부해온 분들만을 위한 보충판례 **✓표시**도 유지하였습니다.

위 사항에 관한 좀 더 상세한 내용은 이어지는 **2022년판 머리말**을 꼭 참조하시기 바랍니다.

한편 본서의 특성상 2023년 이후 선고된 판례부터 수록하였으나, 현 시점에서 **변호사시험에 사례형이나 기록형으로 출제될 가능성이 매우 높은 판례들** 중 **2022년도에 선고된 판례도 상당히 많다는 점**을 고려하시어, 본 교재로 진행하는 **"최신 1.5개년 민사판례 총정리"** 강의(**2022년 판례 중 매우 중요한 것은 다룰 예정**)에서 배부하는 특별자료나 회원 전용 자료 등을 통하여 **2022년 중요 판례(기본서에 모두 수록되어 있음)의 학습에 만전**을 기해주실 것을 꼭 당부드립니다.

본서의 출간을 위해 너무나 크게 애써주신 도서출판 정독 관계자 여러분(김중용 대표님, 심성보·권형락 님)에게 깊은 감사의 말을 올리며, 본서로 공부하는 수험생 여러분의 대성공을 기원합니다.

2025. 9.

변호사 정연석 배상

메가루이어스
정연석 변호사

2022년 머리말

'최신판례'는 단순히 '최신'의 것이어서 중요한 것이 아닙니다. 시대의 흐름에 따라 세상이 점점 더 다양해지고 복잡해지면서 민사법을 포함한 모든 분야는 더 넓어지고 깊어지는 '발전'이 이뤄지는 것이 당연합니다. 하나의 이론도 다양한 상황을 만나며 접촉면이 점점 커지고, 법률가들의 법리적 고민도 갈수록 심오해집니다. 2012년의 대법원 판례와 2022년의 대법원 판례는 사고방식이 꽤 많이 달라져 있습니다.

최근 변호사시험에서 최신판례의 비중이 날로 커지는 것은, 출제위원들이 단순히 '예비법조인들이 유행에 뒤처지지 않았는지'를 점검하려는 것이 아닙니다. 그것은 최신판례가 실제로 '어렵고 중요한 법리'를 품은 것이 많기 때문입니다(물론 최근에 변경된 판례를 묻는 것은 뒤처지지 않았는지와 관련이 있긴 하겠습니다).

수년 전부터 이러한 생각이 강했기에 그간 매년 「로스쿨 민사법의 정석」 시리즈를 출간하면서 그해 3월 판례까지 모두 담으려 했고, 최신판례는 눈에 띄게 표시도 해왔습니다. 이에 따라 해당 기본서로 4월부터 여름까지 2회독을 마친 수험생들은 **이미 가장 최근의 판례까지 기본서 해당 진도에 녹여 자연스레 익히게** 되고, 그 후에는 약 3개월분의 판례만 추가하면 되는 장점이 있었습니다. 매년 최신판례의 내용이 점점 어려워지고 분량도 점점 많아지는 추세에서 이러한 기본서의 장점은 매우 큰 것이었습니다.

다만 수험생에 따라서는, 가령 최근 2~3년 치 판례만을 모아 막판에 따로 보려는 전략을 가진 경우가 있을 수 있습니다. 그간 **"[선사기] 최신 1.5개년 민사판례 총정리"** 강의에서 **'강의자료'**로 2.5개년의 민사판례를 정리하여 배부하였는데, 드디어 이를 **정식 교재로 출간**함으로써 각자가 자신의 전략에 맞게 활용할 수 있게 되었습니다.

본서는 아래와 같은 특징이 있습니다.

첫째, 변호사시험에서의 중요도 표시를 4단계로 나누어 ★표시를 하였습니다.
내년 변호사시험에서의 출제 가능성이 제1의 기준이기는 하였으나, **기존의 확립된 법리에 비추어 얼마나 새로운 것인지**, 담고 있는 법리가 얼마나 깊은 것인지 등도 고려하였습니다. 최근 변호사시험에 이미 출제된 경우는 상대적으로 중요도가 낮아질 수 있으나, 만일 **유형을 달리하여 출제될 가능성이 높은 경우**, 가령 제11회 기록형에 출제되었지만 제12회 사례형에 출제될 가능성이 여전히 큰 경우에는 이러한 점도 고려하였습니다.

둘째, 사법연수원, 민사재판실무, 요건사실론에서의 비중을 모두 반영했습니다.

사법연수원 재판실무심화연수 프로그램, 법학전문대학원 민사재판실무, 요건사실론에서 특별히 강조하고 있는 최신판례의 경우에는 **변호사시험에서의 출제 비중이 매우 높고, 특히 기록형과 사례형에서 큰 문제로 출제될 가능성이 가장 높은 판례**들입니다.

셋째, 正辯 멘트로 필요한 설명을 하는 등 기본서 '정석' 시리즈와의 연계성이 높습니다.

기본서「로스쿨 민법·민사소송법·가족법의 정석」으로 공부해온 분들을 위해 ① **해당 기본서에 보충해야 할 판례만 번호 앞에 ✓표시**를 하였고, ② 정석 시리즈와 **동일한 서술 방식**을 택했으며, ③ 정석 시리즈처럼 **중요한 설명이 필요한 경우에는 '正辨'의 멘트**를 달았고, ④ **테마 제목** 역시 정석 시리즈와 동일한 순서와 문구로 하였습니다.

여기서 '기본서에 보충해야 할 판례'로 우선 **2022년 4월 이후 선고된 판례**는 당연히 포함되고, 그 외에도 최근의 판례일수록 '기본서 수록 여부'에 대한 판단이 조금씩 변할 수 있어 뒤늦게 추가되는 부분이 있음을 양해 바랍니다. 특히 일부러 기본서에 싣지 않은 순수 객관식용 판례도 있다 보니 ✓표시를 한 판례가 많아 보이지만 ★표시를 참고하여 중요도를 이해해보시기 바랍니다.

넷째, 진정한 의미의 최신판례만을 수록하여 학습 분량의 부담을 줄였습니다.

최신판례 수험교재들을 보면 **기존의 확립된 법리와 완전히 동일한데 단순히 최근에 반복 판시된 판례, 출제 가능성이 매우 희박할 것으로 보이는 판례**까지 모두 수록하고 있어 과연 '수험'에 적합한지 의문이 드는 경우가 많습니다. 물론 선택형의 경우 지엽적인 정도가 동일한 판례라고 하더라도 최신에 선고되었다면 출제비중이 더 높은 것은 사실이고 본서나 정석 시리즈 역시 그러한 점을 충분히 고려하여 집필하였지만(가령 지엽적이지만 최근 2년 안에 선고되면 교재에 수록했다가도 일정 시기가 지나면 삭제하거나 내용 분량을 축소하고 있음), 그러한 점을 감안하더라도 최신판례 수험서들은 너무 지엽적인 판례를 불필요하게 많이 실었다는 인상을 받게 됩니다. 변호사시험에서도 암기가 중요한 것은 두말할 나위 없겠지만, 그렇다고 하여 '단순암기의 분량'을 점검하는 시험이 아니라는 점은 숙지해야겠습니다.

본 교재는 **'최신판례'에서 수험답안에 옮겨야 할 '모든' 내용**을 이해하고 암기하기 쉽게 정리해 놓은 교재입니다. 그런데 최신판례는 수험생 입장에서 아직 **'생소'**하다는 점이 가장 큰 약점이고, 특히 **최신판례로 만들어진 신작문제 풀이의 경험**이 거의 전무하다 보니 시험장에서 처음 만나게 되면 당황할 수 있어 이에 대한 대비가 필수적입니다.

이런 이유로 **"민사법 진도별 모의고사"**, **"민사 기록형 실전연습"** 강의는 언제나 최신판례 비중을 40% 이상 반영한 신작문제를 정성껏 출제하여 풀어볼 기회를 제공하고 있습니다.

해당 강의를 듣지 않더라도, 본서로 2022. 9. 17.에 진행되는 "**[선사기] 최신 1.5개년 민사판례 총정리**" 강의는 **최신판례가 어떻게 출제될 수 있는지에 관하여 구체적으로 예측**하는 내용을 담고 있으니 최신판례 학습에 큰 도움이 될 것입니다. 해당 강의는 그 외에도 최신판례 학습에서 가장 중요한 ① **기존의 학설·판례와 최신판례의 법리적 관계(반복/확장/응용/변경)**, ② **최신판례 법리와 동일·유사·대조할 수 있는 기존판례와의 혼동 방지** 등을 담고 있습니다.

본서의 출간을 위해 너무나 크게 애써주신 도서출판 정독 관계자 여러분(박노일·김중용 대표님, 심성보·권형락 님)과 이민경 조교에게 깊은 감사의 말을 올리며, 본서로 공부하는 수험생 여러분의 커다란 대성공을 기원합니다.

2022. 9.

변호사 정연석 드림

차 례

Part 1 채권총론

Part 2 채권각론

Part 3 민법총칙

Part 4 물권법

Part 5 가족법

Part 6 민사소송법

Part 1
채권총론

01

채권의 목적

01. 대법원 2023. 04. 13. 선고 2020다300473 판결 ★

[判例2023] 금전대차계약상 이자의 이자제한법 최고이자율 초과 부분은 무효(동법 2조 3항), 채무자가 초과 이자 임의 지급하면 초과분은 원본 충당(4항), 원본 소멸하면 반환청구 O (4항), 초과 지급한 부분에 준소비대차계약 체결해도 마찬가지

→ '약정지연이자'에 대해서도 이자제한법 적용

正辯 : 약정 지연손해는 이자 개념과 다르고 동법 6조가 감액 규정한 점을 들어 동법상의 최고이자율은 적용이 없다는 견해도 있으나, 대법원은 약정 지연손해에도 최고이자율을 적용한다고 명시함. 이에 따르면 동법 6조는 구법 당시 약정이 그 당시 최고이자율(가령 2014년 이전으로서 연 30%)을 초과하지 않더라도 감액하는 실익이 있을 것(私見)

02. 대법원 2024. 11. 14. 선고 2023다272289 판결

[判例2024] 이자제한법에서는 예금·할인금·수수료·공제금·체당금 기타 명칭에 불구하고 금전 대차와 관련하여 채권자가 받은 것은 이자로 규정(동법 4조 1항), 초과하는 이자를 받으면 형사처벌 규정 있음(8조 1항)

금전 이전받는 상대방이 받은 금전 원금 전액 반환을 보장하는 약정을 하지 않았다면 금전소비대차계약 ×, 이자제한법 적용 여지 × ∵ 민법 598조(그와 같은 수량으로 반환할 것을 약정)

이자제한법 적용받는 금전소비대차계약인지 여부는 계약 해석 문제로서 당사자의 관계, 경위, 약정 이익의 성질·제공방법, 거래관념 등 종합적 고려 → 원금 전액의 반환과 아울러 추가로 상대방 사업성공·이익발생 등 조건 충족 결부시키지 않은 일정한 금전 지급을 약정 내용 자체에서 확정적 보장했다면 금전소비대차계약으로서 이자제한법 적용될 가능성 높음

« 채무불이행 »

03. 대법원 2023. 11. 02. 선고 2023다244895 판결 ★★

[判例2023] 위 법리(임차인 귀책사유 없는 점 증명책임)는 목적물 반환의무가 불능은 아니지만 훼손되어 손해배상 구할 때도 마찬가지

623조(임차인에게 인도), 374조(선관주의의무), 654·615조(원상회복의무)에 따라 인도받아 사용·수익하는 동안 임차인이 목적물 직접 지배로 추단 ○

그러나 **숙박계약**에는 위 법리 적용 ×, 숙박계약 고객이 객실 사용수익하던 중 **원인미상 화재**로 객실에 발생한 손해는 특별한 사정 없는 한 **숙박업자 부담**으로 귀속

∵ 숙박계약은 '일시사용 임대차계약'으로 임대차와 유사하면서 다른 요소, 숙박업자는 고객 안전배려 보호의무나 공법적 의무 부담, 고객에게 객실 제공한 숙박기간 중에도 고객이 아닌 **숙박업자**가 객실 비롯한 숙박시설 점유·지배 ○

« 손해배상 »

04. 대법원 2023. 07. 27. 선고 2023다223171 판결 ★

[判例2023] 일방 당사자가 상대방 이행을 믿고 지출한 비용도 지출사실을 상대방이 알았거나 알 수 있었고 통상적 지출비용 범위 내에 속한다면 이행이익 한도 내에서 배상청구 ○ → **일실이익** 손해와 **신뢰이익** 배상을 **함께 청구**할 경우에 일실이익은 **제반비용 공제한 순이익**에 한정 ∵ 중복배상 방지

05. 대법원 2021. 11. 25. 선고 2017다8876 판결 ★
대법원 2023. 08. 18. 선고 2022다227619 판결 ★

[判例2023] 부당성은 채권자·채무자 지위, 계약 목적·내용, 손해배상액 예정한 동기·경위 등 모든 사정 참작하여 일반 사회관념상 예정액 지급이 경제적 약자인 채무자에게 부당한 압박 가하여 공정성 잃는 결과 초래하는 경우에 인정 → 기록상 실제 (예상) 손해액 알 수 있다면 대비해 볼 필요 ○, 단지 예정액 자체가 크다거나 해제 시까지 단기라고 감액해서는 × → 배

상액 예정이 없더라도 채권자가 받을 수 있던 금액보다 적은 금액으로 감액하면 ✕ → 사실심의 전권 사항 ○, 다만 형평의 원칙에 비추어 현저히 불합리하면 불허

正辯 : 2017다8876 판결은 손해배상 예정액이 손해액의 10배이더라도 부당히 과다한 것은 아니라고 하였고, 2022다227619 판결은 투자금의 2배를 지급하는 약정을 투자금으로 감액한 원심의 감액이 위법하다고 보았음

« 채권자대위권 »

06. 대법원 2024. 03. 12. 선고 2023다301682 판결 ★★★

[判例2024] 채권자대위권은 제3채무자에 대해 **채무자에게 일정한 급부행위** 하라고 청구함이 원칙 → 다만 급부수령 필요한 **금전지급·물건인도**나 **등기말소**의 경우에는 채권자에게도 급부 수령권한 ○, 채권자에게 행한 급부의 효과가 채무자에게 귀속 ○, 예외적으로 채권자가 제3채무자에 대해 **직접 자신에게 급부행위 하도록** 청구 ○

그러나 채무자가 제3채무자에게 **채권양도 구할 권리** 있고 채권자가 이를 **대위행사**할 경우는 직접청구 예외 ✕, 채권자는 제3채무자에 대해 **'채무자에게' 채권양도절차 이행하도록** 청구해야, 직접 '자신에게' 채권양도 이행할 것 청구 ✕ ∵ 채무자에게 이행하면 채무자에게 채권이 귀속되어 별도 급부수령 불필요, 채권자에게 양도하면 채권이 이전되어 대위행사 효과가 채무자 아닌 채권자에게 귀속

« 채권자취소권 »

07. 대법원 2023. 03. 16. 선고 2022다272046 판결 ★★

[判例2023] 계속적 물품공급계약에서 물품의 수량·단가 등을 구체적으로 미리 정하고 있다거나 일정한 한도에서 공급자 외상 물품 공급 의무 규정하지 않은 이상, 계속적 물품공급계약 그 자체에 기하여 거래당사자의 채권이 바로 성립 ✕, 주문자가 상대방에게 구체적으로 물품 공급 의뢰하고 상대방도 물품 공급하는 별개 법률관계 성립해야 채권 성립 ○ → 특별한 사정 없는 한 사해행위 당시 **계속적 물품거래관계 존재했다는 사정만으로 채권 성립 기**

초 법률관계 ×

正辯 : A와 B는 2014. 10. 1. 석유화학제품 공급 물품계약 체결(물품의 구체적 수량·단가·거래시기 정하지 않고 물품대금은 공급 후 익월 말까지 지급하도록 정할 뿐) → B는 2018. 4. 1. C에게 부동산 매도하는 계약 체결, 2018. 6. 1. 소유권이전등기 경료 → A는 2018. 5. 공급한 물품대금 중 일부를 B로부터 받지 못한 상태 → 사해행위 이후 발생한 채권, 사해행위 피보전채권 ×

08. 대법원 2023. 04. 13. 선고 2021다309231 판결

[判例2023] 국민건강보험공단이 채권자취소권을 행사할 경우, 제척기간 기산점인 안 날은 특별한 사정이 없는 한 **피보전채권의 추심·보전 등에 관한 업무 담당 직원의 인식**을 기준으로 판단해야

09. 대법원 2023. 06. 29. 선고 2022다244928 판결 ★★

[判例2023] 사해행위 이후 그 부동산에 **제3자가 저당권** 취득한 경우 그 피담보채권액은 사해행위 당시 일반 채권자들의 공동담보 부분 ○, 원상회복 범위에서 **공제** × → 채무자의 부동산에 관하여 **증여 등 사해행위**로 수익자에게 소유권 이전된 후 **경매 실행으로 배당절차 진행**된 경우도 마찬가지 → 부동산 가액 중 **수익자의 채권자가 배당절차 참여하여 취득한 배당액 상당**은 사해행위 당시 일반 채권자들의 **공동담보 ○, 가액배상 등 원상회복에서 공제** × → 수익자의 채권자가 채무자의 일반채권자 지위 겸해도 마찬가지

正辯 : 저당권 설정된 부동산이 사해행위로 증여되고 저당권 실행으로 수익자(수증자)의 배당금청구권이 지급금지가처분 → 원상회복은 수익자의 배당금청구권을 채무자에게 양도, 채권양도 통지 하도록 → 이때 수익자의 일반채권자가 경매에서 배당받는 금액은 가액배상(혹은 위 채권양도) 범위에서 공제하지 × → 89다카35421 판결, 2004다49532 판결은 수익자의 채권자에게는 상대적 효력에 의해 채권자취소의 효력이 미치지 않아 그도 배당을 받을 수 있다는 취지일 뿐

10. 대법원 2023. 09. 21. 선고 2023다234553 판결 ★

[判例2023] 사해행위취소소송에서 수익자의 선의 여부는 채무자·수익자의 관계, 채무자·수익자 사이 처분행위의 내용·경위·동기, 정상적 거래관계라는 자료 여부, 처분행위 이후 정황 등 여러 사정 종합적 고려하여 합리적 판단해야

사해행위취소소송에서는 수익자의 선의 여부만 문제 되고 **수익자의 선의에 과실이 있는지 여부는 묻지** ×, 사해행위취소소송과 실질을 같이하는 채무자 회생 및 파산에 관한 법률 391조 1호 고의부인의 행사도 마찬가지

11. 대법원 2023. 10. 18. 선고 2023다237804 판결 ★★

[判例2023] 재산처분 당시 적극재산 산정에서 실질적 재산가치 없어 공동담보 역할 할 수 없는 재산은 제외, 재산이 채권이면 용이하게 변제받을 확실성 긍정될 경우만 적극재산 포함 → 어떤 채권의 존부·범위 증명 있다면, 변제받을 확실성 없어 실질적 재산가치 없다는 점을 취소채권자가 주장·증명책임
채무자가 여러 채권자 중 일부에게만 **채무 이행과 관련하여 재부모나 적은 가액의 다른 채권 기타 적극재산을 양도**하여 채무초과 유발되었는지 판단함에 있어 **양도된 재산을 적극재산에서 제외**했다면, 위 채무 중 양도된 재산과 **같은 금액에 해당하는 부분도 소극재산에서 제외**하여야

12. 대법원 2023. 11. 16. 선고 2023다254519 판결 ★★

[判例2023] **근저당권설정계약을 사해행위 취소**하는 경우 **경매절차로 근저당권설정등기 말소**되었다면 원물반환 불능하여 가액배상 → 배당표 확정됐으나 배당금지급금지가처분으로 수익자가 배당금을 현실 지급받지 못한 경우, 수익자의 **배당금채권을** 사해행위를 한 **채무자에게 양도**하고, **채권양도 통지**를 **배당금채권의 채무자에게** 할 것을 명하는 형태(대법원 1997. 10. 10. 선고 97다8687 판결, 대법원 2018. 4. 10. 선고 2016다272311 판결 등).

13. 대법원 2024. 02. 15. 선고 2019다238640 판결 ★

[判例2024] 사해행위취소 확정판결 원상회복인 대체물 인도의무 불이행만을 이유로 취소채권자가 수익자에 대해 395조에 의하여 이행지체로 인한 전보배상청구 ✕, 다만 대체물 인도 **강제집행 불가능하거나 현저히 곤란**하면 **전보배상청구** ○

正辯 : 원상회복이 '주식양도'인 사건

✓**14.** 대법원 2025. 04. 15. 선고 2024다312566 판결 ★★★

[判例2025] 전세권 성립 후 **전세목적물 소유권 일부 지분 이전받은 새로운 공유자**도 전세권자에 대해 **공동전세권설정자 지위**에서 **전세금반환의무** 부담 ○
채권자취소권 행사는 사해행위 하지 않았다면 있었을 책임재산 회복, 더 많은 책임재산 회복 결과 초래는 불허, **일반채권자 공동담보 제공되지 않은 책임재산은 취소 범위에서 제외**되어야 → 공유물 주택에 주택임대차보호법 따라 임차보증금 우선변제권 가진 임차인 있고 **공유자들 불가분채무인 임차보증금반환의무** 부담하는 경우 공유자 1인인 채무자가 처분한 지분

중 일반채권자 공동담보 제공 **책임재산은 우선변제권 있는 임차보증금반환채권 '전액' 공제**한 나머지 부분

전세목적물 일부 지분 이전되어 **공유자들이 불가분채무인 전세금반환의무를 부담**하게 된 이후 **공유자 1인이 자기 지분 처분**하여 **사해행위** 문제된 경우도 위 법리가 마찬가지로 적용

« 변제 »

15. 대법원 2024. 03. 12. 선고 2019다29013 판결 ★★

[判例2024] 부진정연대채무자 중 **소액채무자가 일부 변제**하면, 다액채무자와 **공동 부담 부분**에 변제충당 일반원칙에 따라 **지연손해금, 원본 순서로** 소멸하고, 부진정연대채무에서 변제의 절대효에 따라 **다액채무자** 채무도 지**연손해금과 원금이 같은 범위에서 소멸**(대법원 2012. 2. 9. 선고 2009다72094 판결)

正辯 : 소액채무자가 원금 70, 지연손해 7이 있고, 다액채무자가 원금 100, 지연손해 10이 있는 경우에, 소액채무자가 "17"을 변제하면, 소액채무자는 먼저 "지연손해 7"을 소멸시키고 나머지 10으로 "원금 10"을 소멸시켜 "원금 60"이 남는데, 이때 다액채무자는 지연손해의 경우 소액채무자에게서 소멸한 "지연손해 7"과 동일 금액이 공동부담 부분으로 소멸하여 "지연손해 3"이 남고, 원금의 경우도 소액채무자에게서 소멸한 "원금 10"과 동일 금액이 공동부담 부분으로 소멸하여 "원금 90"이 남는 것임

16. 대법원 2024. 03. 12. 선고 2021다262189 판결

[判例2024] 법정대위권자가 근저당권 피담보채무 일부를 대위변제한 경우 채권자가 대위변제자에 대해 가지는 우선변제권은 피담보채권액 한도로 보유 잔존 채권액 전액에 **O** → 이러한 법리는 채무자에 대한 회생절차개시 전에 채무자의 근저당권 피담보채무 중 일부를 대위변제한 자와 채권자 사이에서도 마찬가지 **O** → 채무자 회생절차에서도 채권자는 잔존 채권액 및 피담보채권액 한도에서 일부 대위변제자에 우선하여 회생담보권 행사 **O**, 일부 대위변제자는 후순위 회생담보권

正辯 : 회생담보권자는 피담보채권 중 담보목적물 가액 범위 내에선 회생담보권자로서, 담보목적물 가액 초과 부분에선 회생채권자로서 회생절차 참가, 선순위 담보권 있다면 그 피담보채권액을 담보물 가액에서 공제 있는 경우 그 담보권으로 담보된 채권액을 담보목적물의 가액에서 공제한다(채무자회생법 141조 3, 4항 → 담보목적물 가액, 선순위 담보권 피담보채권액 등은 회생절차개시 당시 기준으로 평가해야

17. 대법원 2024. 07. 31. 선고 2023다266420 판결 ★★

[判例2024] 수인의 물상보증인 또는 그로부터 목적물 소유권 등 취득한 제3취득자 중 1인이 채무 변제하거나 담보권 실행으로 소유권 잃으면 다른 물상보증인 또는 그로부터의 제3취득자에 대해 구상권 범위 내에서 채권자를 대위하여 채권 및 그 담보권 행사 O, 물상보증인 상호 간 대위 규정한 482조 2항 3호, 4호에 따라 각 부동산 가액 비례 O ∵ 481조, 482조 1항, 2항(3, 4호) 규성 종합

正辯 : 법정대위자 상호간 관계에서 '제3취득자 from 물상보증인'의 지위는 '물상보증인'과 거의 동일하게 보아야 하고, 482조 2항 1, 2호 등 대부분에서 규정한 제3취득자는 '제3취득자 from 채무자' 만을 의미한다는 설명(단, 미리 대위 부기 등기 필요하다는 점은 두 유형 공통임)이 이번 판례에서 직접적으로 명시되었음(기존 판례에서도 해석상 도출되는 법리)

18. 대법원 2024. 10. 08. 선고 2024다258921 판결 ★★

[判例2024] '변제'의 증명책임 있는 채무자는 채권자에게 ① 급부한 점, ② 급부가 특정채무의 변제로서 이뤄졌다는 점 증명해야 → 채무자가 객관적으로 특정채무 내용에 적합한 급부 했다면 특별한 사정 없는 한 그 채무 변제로 인정

여러 채무 부담하는 채무자의 급부가 동시에 여러 채무 내용 적합하나 채무 전부 소멸시키기 부족한 경우 '변제충당' 문제됨 → 채무자가 그중 특정채무 '변제'로서 급부했다고 주장함에 대해, **채권자**가 수령한 사실 인정하면서 **다른 채무 변제에 '충당'했다고 주장**할 경우, 채권자는 ① **다른 채권 존재** 사실, ② 다른 채권에 **변제충당 합의, 지정, 법정충당 우선순위** 있었던 사실 주장·증명해야

19. 대법원 2024. 10. 31. 선고 2024다257812 판결

[判例2024] 가집행선고로 인한 강제집행 면하기 위해 채무자가 지급한 가지급금의 액수가 정당한 금원(최종적 확정 금원)인 원본 및 지연손해금 합계액에 미치지 못했다면, 특별한 사정 없는 한, 민법 소정 변제충당 법리에 따라 지연손해금, 원본의 순서로 충당되어야 → 가집행 근거 판결 소송물이 복수의 금전청구가 객관적 병합된 것인 경우에도 마찬가지

« 대물변제, 공탁, 경개, 면제, 혼동 »

20. 대법원 2023. 02. 02. 선고 2022다276789 판결 ★

[判例2023] **대물변제**는 본래 채무의 이행에 갈음하여 **다른 급여를 현실적으로 한 때 성립하는 계약** → 다른 급여가 부동산 소유권이전인 경우 등기 완료로 대물변제 성립되어 기존 채무 소멸 → **대물변제도 유상계약**이므로 **목적물에 하자** 있을 경우 **매도인의 담보책임 규정 준용** O

正辯 : 甲회사가 다세대주택 신축공사 전기공사를 乙회사에 하도급 주면서 공사대금을 다세대주택 구분건물로 대물변제하기로 약정 → 乙회사에게 구분건물 소유권이전등기 마쳐줌 → 아직 구분건물 사용승인 못 받았거나 대지지분에 제한물권 설정된 사정은 대물변제 목적물 하자의 담보책임물을 사유 O, 대물변제는 이행 완료 O

« 상계 »

21. 대법원 2024. 08. 01. 선고 2024다227699 판결 ★

[判例2024] 복수 채권·채무 상호 정산을 내용으로 하는 채권소멸 원인이라는 점에서 '공제'와 '상계'는 유사 → 그러나 공제는 상계적상, 상계금지·제한, 상계 기판력 등 상계 법률 규정이 원칙적으로 적용되지 않는 점, 임대차관계 등 특정 법률관계에서는 일정 사유가 발생하면 원칙적 공제 **의사표시 없이도 당연히 공제** 이뤄진다고 보는 점 등에서 상계와 구별, 제3자에 우선하여 채권 실질적 만족 얻게 하는 점에서 **상계보다 강한 담보적 효력** → 공제·상계 요건 설정, 시점, 의사표시 요부 등은 자유롭게 약정 O

22. 대법원 2024. 08. 01. 선고 2024다204696 판결 ★★★

[判例2024] **상대방 기망으로 소비대차계약** 체결한 자가 불법행위 손해배상청구 하지 않고 **계약상 채권** 따른 대여금·이자 지급 구하면 **496조 유추적용** ✕ ∵ 계약상 채권은 기망행위 아닌 쌍방 계약 기초 발생 권리로서 **급부이행이 지향하는 경제적 이익**이 불법행위 손해배상채권과 달라 **양자 경합** ✕, **496조 취지**(보복적 불법행위 지양, 피해자 현실 변제받도록, 고의 불법행

위자 제재로 발생 억지, 사회적 정의 관념), 실질적 고의 불법행위 채권과 마찬가지로 볼 수 ✕

正辯 : '유추적용'은 법적 규율 없는 사안에 유사한 사안 법규범 적용하는 것이어서 사안 사이에 공통점·유사점 있어야 하나 이것만으로 유추적용 ✕, 법규범 체계와 입법 의도·목적에 비추어 유추적용 정당하다고 평가되는 경우에 비로소 유추적용 O

« 수인의 채권관계 »

23. 대법원 2023. 02. 02. 선고 2020다283578 판결 ★

[判例2023] 수탁보증인이 주채무자의 443조 담보제공청구에 응하여 구상금액 상당한 담보 특정하여 제공할 의사 표시하면 법원은 주채무자가 수탁보증인으로부터 **그 담보 제공받음과 동시에 442조 사전구상의무 이행하라고 판결**해야 → 수탁보증인이 주채무자의 **담보제공청구 거절하거나 상당한 담보 제공 의사 표시하지 않으면** 법원은 수탁보증인의 **사전구상금 청구 기각해야**

24. 대법원 2023. 03. 30. 선고 2021다264253 판결 ★★

[判例2023] 불가분채권자 중 1인을 집행채무자로 압류·전부명령 있어도 **다른 불가분채권자**는 모든 채권자 위해 **불가분채권 전부의 이행청구** O, 채무자도 **모든 채권자 위해 다른 불가분채권자에게 전부를 이행** O, 이는 금전채권 일부에만 압류·전부명령 내려져도 마찬가지 O ∵ 전부명령으로 집행채무자인 불가분채권자의 채권은 전부채권자에게 이전되나 다른 불가분채권자에게는 효력 ✕

正辯 : 2011다95861 판결과 마찬가지로 '공동임차인'의 '임대차보증금반환채권'이 원칙적으로 '불가분채권'이라는 취지의 판시(조합을 결성한 준합유로 보기 힘들다는 이유) → 다만 후술하는 2021다238650 판결은 공동임차인과의 약정으로 '분할채권'이 될 수도 있고 이때는 불가분채권으로 볼 수 없다는 취지를 간접적으로 설시했음(私見)

25. 대법원 2024. 08. 01. 선고 2023다318857 판결 ★★

[判例2024] 상가임대차법 3조 1, 2항으로 **임대인 지위 공동승계한 '공동임대인들'**의 **임차보증금반환채무는 '불가분채무'** → 불가분채무자인 **공동상속인 1인의 변제** 등으로 공동면책 얻어

부담부분에 구상할 때 **다른 공동상속인을 상대로 '법정상속분'에 따라 구상** ○ ∵ 1007조(각자의 상속분에 응하여 피상속인 권리·의무 승계)에서 상속분은 법정상속분을 의미

26. 대법원 2024. 10. 25. 선고 2024다252305 판결 ★

[判例2024] 수탁보증인(물상보증인 포함)의 구상권이 발생하기 위한 변제 기타 출재는 반드시 주채무 변제기 도래 후에 면책행위 할 것 요구되지 않고, 이해관계 있는 제3자인 수탁보증인도 468조에 따라 변제기 전에 변제 ○, 다만 이때는 주채무의 변제기 도래할 때까지 주채무자에 대해 사후구상권 행사할 수 ×, 수탁보증인 출재에 과실 있다면 그와 인과관계 있는 범위만 구상권 발생 ×

보증인이 주채무자에게 통지하지 않고 변제 기타 출재로 주채무 소멸하게 한 경우 주채무자가 채권자에게 대항할 사유 있었다면 보증인에게 대항하는데(445조 1항), 구체적 대항 효과는 주채무자의 채권자에 대한 대항사유로 결정

27. 대법원 2024. 10. 25. 선고 2024다23206 판결 ★

[判例2024] 연대보증인은 분별의 이익 없으나, 연대보증인들 상호 내부관계는 주채무에 대한 출재 분담의 일정 부담부분 ○, 특약 없으면 평등 비율 → 연보 1인이 자기 부담부분 초과 변제하면 다른 연보에게 구상, 그러나 연보 중 이미 자기 부담부분 변제한 사람에게는 구상 × → 변제한 연대보증인의 구상 가부 및 부담부분은 일단 연대보증 성립 당시 주채무액 분담비율 적용하여 산출한 금액으로 정하되, 그 후 주채무자의 변제(각 연보는 부담부분 비율로 소멸)나 다른 연보의 변제(변제액만큼 그의 부담부분 소멸) 있다면 고려해야 → ① 연보 A의 변제시까지 발생한 주채무 총액에 분담비율 적용하여 A의 부담부분 총액 산출, ② 주채무자 변제 등으로 감소한 부담부분 있다면 공제하여 A의 부담부분 확정, ③ 변제액이 확정된 부담부분을 초과하는지 여부로 판단하여야 → 연보 B가 A의 구상권 행사 대상에서 제외되는지 여부도 같은 방식으로 확정된 B의 부담부분을 기준으로 판단해야

Part 2
채권각론

02

« 동시이행의 항변권 »

01. 대법원 2022. 05. 13. 선고 2019다215791 판결 ★
대법원 2023. 12. 07. 선고 2023다269139 판결 ★

[判例2023] 536조 2항 **'상대방 이행이 곤란할 현저한 사유'**는 상대방의 신용불안이나 재산상태 악화 등 사정변경 생기고 당초 계약 내용 따른 선이행의무 이행케 하는 것이 **공평·신의칙** 반하게 되는 경우 → 상대방 채무가 아직 이행기에 이르지 않았어도 O

正辯 : 2023다269139 판결의 경우, 아파트 매매계약 당시 임차인이 갱신요구 없이 인도할 것이라 했는데 잔금 지급일 직전 갱신요구권 행사했다면 현실인도의무보다 잔금지급의무가 선이행의무였더라도 매수인은 지급 거절 O ∵ 현실인도의무 이행 곤란할 현저한 사정 O

02. 대법원 2024. 06. 13. 선고 2024다231391 판결 ★

[判例2024] 채권자의 반대의무 이행·제공이 없었다는 주장은 **동시이행판결에 대한 청구이의 사유** ✕ ∵ 동시이행판결의 반대의무 이행·제공은 집행개시 요건 O, **'집행에 관한 이의신청' 절차**에서 주장·심리할 사항 O, 청구이의는 집행권원에 표시된 '청구권'에 관하여 생긴 이의를 주장해야

03. 대법원 2024. 06. 23. 선고 2022다228667 판결 ★★

[判例2024] 임대인이 **보증금반환의무 이행·이행제공**하여 임차인이 **동시이행항변권 상실**했는데도 목적물 반환 **계속 거부하며 점유**하면 특별한 사정이 없는 한 임차인은 **적어도 과실에 의한 불법행위** → 임대차에 관한 **임차인 채무 공제 등으로 동시이행항변권 상실해도 마찬가지**, 임차인이 **동이항 상실 알 수 있는 때부터의 점유**는 과실에 의한 불법행위 O

正辯 : 2022다228667 판결은 임대차 종료 직후 보증금반환에 기한 동이항으로 임차인의 점유가 불법행위가 되지 않았더라도, 그 후 계속 발생하는 차임 상당 부당이득금을 공제하다가 보증금 금액이 소진하게 된 순간부터는 사용·수익 멈춰도 불법행위가 될 수 있다는 취지로 보임(私見)

04. 대법원 2025. 06. 26. 선고 2025다209893 판결 ★

[判例2025] 동시이행항변권 포기는 묵시적 O, 다만 **묵시적 포기 인정은 엄격·신중**해야

매수인의 매매대금 연체료 약정은 손해배상 예정으로서 지체책임 발생할 때 비로소 지급의무 발생

쌍무계약에서 이행제공 정도는 시기와 구체적 상황에 따라 신의성실 원칙 어긋나지 않게 합리적으로 정해야 → 매수인 잔대금 지급준비 되지 않아 소유권이전등기서류 수령할 준비 안 했다면 매도인도 그에 상응한 이행 준비로 족함

正辯 : 매수인이 분양계약 해제 통지 및 원상회복 요구하고 소 제기했고 그 기간에 잔금 상당액이나 피담보채무 인수하여 잔금과의 차액을 마련하거나 지급할 준비했다는 등 잔금 지급 노력 했다고 볼 자료 없고 오히려 잔금지급 자체 거부하면서 매도인의 소유권이전등기서류 등을 수령하지 않겠다는 의사를 표시 → 매도인도 상응하는 이행 준비로 족함 → 매도인의 이행제공 여부·정도를 살펴 매수인의 연체료 여부 판단해야

« 위험부담 »

05. 대법원 2025. 05. 01. 선고 2024다293580 판결 ★

[判例2025] 제623조 '사용·수익 적합 상태'는 임대차 목적물 통상적 사용방법 중심으로 단순히 물리적 사용·수익 가능성뿐 아닌 임대차 목적·유형, 관행, 계약내용 통해 드러난 당사자 의사 등 종합적 고려해야

쌍무계약에서 쌍방 귀책사유 없이 채무 이행할 수 없게 되면 채무자는 537조 따라 자기 채무 이행의무 면함과 더불어 상대방 이행도 청구 못하고, 이미 이행한 급부는 법률상 원인 없는 급부로 부당이득 반환 청구

'채무 이행 불가능'은 절대적·물리적 불가능뿐 아니라 사회생활상 경험칙, 거래 관념에 비춰 채무자 이행 실현 기대 불가한 경우 포함 → 기간을 정한 임대차계약 등 **계속적 계약**에서 어떤 사유로 **일정기간 동안 채무 이행 불가능**하게 된 경우, 계약 목적·유형, 급부 내용·특성, 이행 형태·방법 등에 따라 채권자가 채무자 이행 실현 기대할 수 없다면, **해당 기간 급부불능은 일시적 아닌 종국적, 계약 존속 여부는 537조 적용 여부에 영향 미치지 않음**

正辯 : 코로나 확산으로 국토교통부의 국제선 운항 중단 및 김포·김해 국제공항 국제선 청사 폐쇄에 따라 면세점 운영 중단 → 해당 기간 동안 한국공항공사가 임대차 목적물을 면세점 용도로 사용·수익 가능 상태 유지시킬 의무는 당사자 쌍방 책임 없는 사유로 이행할 수 없게 됨 → 한국공항공사는 임차인에 대해 위 기간에 대한 차임 청구 ×, 지급한 차임은 부당이득반환

해제

06. 대법원 2023. 12. 21. 선고 2023다221144 판결

[判例2023] 청약저축 가입자가 사망하면 공동상속인들이 주택공급 신청권을 공동상속하여 상속지분비율로 준공유 → 청약저축 예금계약 해지는 금융기관과 특약 등 특별한 사정 없는 한 상속인들 전원이 해지 의사표시해야 ∵ 547조 1항, 청약 저축과 주택공급 신청권은 분리될 수 없으므로

07. 대법원 2024. 02. 29. 선고 2023다289720 판결 ★★

[判例2024] 548조 2항 가산 이자에 소송촉진법 이율 적용 ✕ ∵ 위 규정의 이자는 원상회복의무로서 일종의 부당이득반환이고, 이행지체 손해배상 아니므로

正辯 : 원상회복청구를 소로 제기했더라도 여전히 549조 동시이행관계가 유지되면 548조 2항의 이자만 가산되므로 소촉법 적용 ✕

매매

08. 대법원 2023. 09. 14. 선고 2023다227500 판결

[判例2023] 매매에서 매매목적물과 대금은 반드시 계약체결 당시에 구체적 특정할 필요는 없고 사후에라도 구체적 특정할 방법·기준 정해져 있으면 충분 → 매매대금 액수를 일정기간 후 시가에 의해 정하기로 한 사유만으로 매매예약으로 단정 ✕ → 이행시기·이행장소·담보책임 등 합의 없었더라도 매매계약 성립 O

09. 대법원 2024. 01. 04. 선고 2022다256624 판결 ★

[判例2024] 부동산 매매에서 통상 **중도금·잔금 지급기일**은 **계약금에 의한 해제권 유보기간** 의미 → 매매대금 이행기가 **매도인을 위해서도 기한의 이익** 부여한 경우는 **채무자가 이행기**

전에 이행 착수할 수 없는 특별한 사정 ○

正辯 : 매매대금 4억 원의 아파트 분양권 매매계약에서 계약 당일 계약금 2,000만원 지급하고 약 2개월 뒤 잔금 지급하되 협의로 앞당길 수 있도록 약정 → 매수인이 계약일로부터 불과 6일 후 아무런 고지도 없이 2,000만원(잔금의 약 5%)을 거래 명목을 '축 생신'으로 기재하여 일방적 송금 → 매도인이 송금 사실 알고 여러 차례 반환 요청하다가 약 한 달 뒤 6,000만원(수령한 계약금 2,000만원의 2배와 기일 전 송금한 2,000만원)을 공탁하며 해제 의사표시 → 해약금 해제 ○

« 민법상의 임대차 »

10. 대법원 2023. 03. 30. 선고 2022다296165 판결 ★★

[判例2023] 임차인이 임대인 **동의 없이 제3자에게 임차권 양도나 전대**로 사용·수익케 해도, 임대차계약 **해지 또는 종료되지 않는 한 임대인은 제3자에 대해 차임 상당 손해배상 ×, 부당이득반환 ×** ∵ 임대인은 임차인에 대해 여전히 **차임청구권** 있으므로 → **그러나 임대차계약 종료 이후**에는 임차물 소유하는 **임대인은 제3자에 대해 차임 상당 손해배상청구 ○, 부당이득반환청구 ○**

正辯 : 임대차계약이 합의해지로 종료된 이후부터는 임대인이 무단양수인(전차인)을 상대로 차임 상당 손해배상·부당이득반환 청구 ○ → 임차인을 상대로 손해배상청구 등을 할 수 있더라도, 임차인과 무단양수인의 채무는 동일한 경제적 목적 가지고 중첩 부분에 관하여 일방 채무가 변제 등으로 소멸하면 타방 채무도 소멸하는 관계일지언정 → 판례는 임차인과 무단양수인이 임차물에 대하여 직접점유자와 간접점유자로서 부당이득반환은 부진정연대채무 관계임을 설시한 것으로 보임

11. 대법원 2023. 06. 01. 선고 2023다209045 판결 ★★

[判例2023] **임대차기간을 영구로** 정한 약정은 **유효 ○** ∵ 계약 자유 원칙, 헌법재판소의 651조 위헌결정 이후 619조 단기임대차 외에는 **영구 약정 불허 규정 없음**, 소유자의 사용·수익 권능 대세적 포기는 불허되나 **특정인에 대하여 채권적인 사용·수익권 포기는 허용**, 인정할 실제의 필요성, 사정변경 의한 **차임증감청구권이나 계약 해지** 등으로 이해관계 조정 가능

영구임대의 취지는 차임연체 등 임차인의 채무불이행이 없는 한 임차인이 유지 원하는 동안 존속 보장 의미 → **임대인에게는 의무, 임차인에게는 권리 → 임차인은 언제든 권리 포기 ○** → 포기하면 임대차계약은 임차인에게 **기간 정함 없는 임대차 ○**

正辯 : 영구 임대에서 임차인이 영구적 권리 포기하면서 임대인에게 해지를 통지하면 635조 2항 1호에 따라 통지 후 1개월 지나서 종료할 것으로 보임

12. 대법원 2023. 11. 02. 선고 2023다249661 판결

[判例2023] 654조, 615조 원상회복의무는, 임차인이 목적물 현상 변경했다면 원칙적으로 변경 부분 철거 등 임대 당시의 상태로 → 그러나 토지 임대 당시 이미 종전 임차인 등이 설치한 가건물 기타 공작물 있었다면 자신이 임차할 당시 상태로 반환 ○, 종전 임차인 등이 설치한 부분까지 원상회복할 의무 ✕

13. 대법원 2024. 04. 12. 선고 2023다309020 판결 ★

[判例2024] 지상물매수청구 대상 건물의 매수가격에 당사자 의사합치 이뤄지지 않았다면 법원은 여러 사정 종합하여 매수청구권 행사 당시 건물 시가를 매매대금으로 매매계약 성립했음을 인정할 수 있을 뿐, 법원이 해당 시가를 임의로 증감하여 직권 매매대금 결정 ✕ ∵ 지상물매수청구권은 형성권으로서 그 행사로써 곧바로 행사 당시 시가를 대금으로 매매계약 체결된 것 같은 효과 발생하므로

14. 대법원 2024. 07. 11. 선고 2024다209769 판결

[判例2024] 상가건물 임대차계약서에 '계약의 해지 성부에 쌍방 간 이견 있을 경우 법원의 판결에 따르되 최종 판결 전까지 임대인과 임차인의 권리·의무는 유지되는 것으로 한다.'는 특약의 해석 → 판결 확정시까지 임차인이 임대인의 목적물 반환청구를 거절할 수 있는 권능 있다고 해석할 수는 ✕ ∵ 임대차계약 적법하게 해지되었다고 판단되어도 임대인의 인도청구를 기각할 수밖에 없어 부당, '재판을 통한 임대차관계 청산'이라는 특약 목적에 부합하지 않음, 당사자 의사나 거래관행 부합하지 않음, 분쟁 일회적 해결 및 소송경제 위배 → 임대차 해지 원인 임대차관계 청산 구하는 소송에서 임대차 적법 해지되었음을 이유로 청산 명하는 판결 선고되더라도 판결 확정될 때까지는 기존 임대차 관계 유지하되 확정 후에 판결을 집행한다는 의미로 해석해야

15. 대법원 2024. 09. 13. 선고 2024다256116 판결 ★

[判例2024] 임대인은 임차인에게 목적물 인도하여 사용·수익하게 할 의무, 임차인은 이에 대해 차임 지급할 의무(618조, 623조) → 상대방 의무 이행·이행제공 없어도 임대차계약 유효 성립하면 각 의무 발생 ○, **목적물 인도 여부 상관없이 차임 지급의무 발생** ○ → 다만 서로 대응관계로서 임대인 위 의무 불이행하여 목적물 사용·수익에 지장 있으면 임차인은 지장 한도에서 차임 지급 거절 ○

16. 대법원 2024. 12. 12. 선고 2024다261989 판결 ★★★

[判例2024] 임차인이 **민법 621조 임차권등기** 마친 경우 다른 약정 없는 한 임대차 종료 후 임대인의 **보증금반환의무**와 임차인의 **임차권등기말소의무**는 **동시이행관계** O → 임차인은 임차권등기말소의무 이행·이행제공 하여 상대방 이행지체 빠뜨려야 비로소 임차보증금의 지연손해금 청구 O

正辯 : 주택임대차보호법 임차권등기명령에 의한 등기 마쳐진 경우에는 보증금반환의무가 그러한 임차권등기의 말소보다 '선이행'인 점과 구별할 것

17. 대법원 2025. 03. 13. 선고 2024다315046 판결 ★★★

[判例2025] 639조 1항의 **'이의'**는 **묵시적**으로도 O, **차임 증액 관련 조건부**로도 O → 다만 **임차인 신뢰** 보호 취지에 비추어, **묵시적·조건부 이의**가 있다고 보려면 더 이상 **임대차관계 지속하지 않겠다는 임대인 의사**를 객관적 추단할 사정 있어야 → 임대인이 전 **임대차기간 만료 후 차임증액청구권 행사한 사정만으로** 임대인이 더 이상 임대차관계 지속 않을 의사로 **639조 1항 이의를 했다고 볼 수 ×** ∵ **628조의 차임증액청구권은 임대차계약 존속을 전제**로 하는 권리

正辯 : 임대인의 묵시적 이의를 인정할 수 없으므로 결국 임대차는 묵시적 갱신 O (그러나 임차인이나 임대인이 다시 해지통고는 가능)

18. 대법원 2025. 03. 27. 선고 2024다302217 판결 ★★

[判例2025] 임대차관계가 종료되면 임대차보증금 중 목적물 반환받을 때까지 생긴 연체차임 등 임차인의 모든 채무 공제한 나머지 금액만 비로소 이행기 도달

임대차 존속 중 차임 연체한 경우 소멸시효는, 임대차 종료 후 목적물 인도 시에 보증금에서 일괄 공제 방식 정산 약정하는 등 특별한 사정 없는 한 임대차계약에 정한 지급기일부터 진행

正辯 : 위 판결은 기존의 법리(임대차 존속 중 차임채권 소멸시효 완성되면 기한 이익 포기 특별한 사정 없는 한 495조에 따라도 '상계'할 수 없으나, 신뢰·의사 고려하여 495조 유추적용으로 '공제'할 수 있다는 법리) 재확인 후, 원심이 임대인 '상계' 주장 불허하면서 나아가 '공제' 여부 판단하지 않은 것을 위법으로 봄 → 상계와 공제는 엄연히 다르지만, 유사성 고려할 때 당사자의 '상계' 주장을 '공제' 주장으로 선해 판단했어야 한다는 취지로 보임(私見)

19. 대법원 2025. 05. 15. 선고 2024다317332 판결 ★★★

[判例2025] 부속물매매대금 이행제공 하지 않는 한, **적법한 부속물매수청구권 행사 후 임차인의 목적물 계속 점유는 불법점유 ×, 손해배상의무 ×** ∵ 목적물반환의무와 부속물매매대금지급의무는 **동시이행관계**

상계의 소급효는 양 채권 및 이자·지연손해금 **정산 기준시기를 소급하는 것일 뿐, 상계 의사표시 전 이미 발생한 사실 복멸시키지 ×**

임대인 상계로 부속물매매대금채권이 상계적상일(부속물매매대금채권의 발생일)로 소급하여 소멸하더라도 상계적상 시점부터 부속물매매대금채무와 동시이행관계가 소멸하여 임차인이 이행지체·불법점유로 되지는 ×

正辯 : 임대인 甲이 임차인 乙을 상대로 임대차 종료로 인한 인도청구 및 불법점유 손해배상 예정액(월차임 1.3배) 지급청구 → 乙이 준비서면으로 부속물매수청구권 행사 → 甲이 준비서면으로 불법점유 손해배상채권을 자동채권으로 부속물매매대금채권과 상계권 행사
乙의 부매청 행사로 매매계약 체결된 이후에는 甲이 부속물매매대금 이행제공 하여 동이항 상실시키지 않는 한 乙의 점유는 불법점유 ×, 甲이 상계하여 부속물매매대금채권을 소멸시켰더라도 정산 기준시기가 소급할 뿐 부속물매매대금채무와 동시이행관계가 상계적상 시점으로 소급 소멸하는 것은 아님 → 원심은 소급 상실 전제로 乙의 부속물매수청구권 송달된 날부터 甲의 상계 의사표시 송달된 날까지 불법행위 손배 예정액 지급의무 긍정한 위법
위 판례에 따르면, 상계 의사표시 송달일까지는 동이항 유지되어 약정차임 1.3배인 불법행위 손해배상 예정액이 아닌 약정차임 상당 부당이득을 반환(다만 실질이익 없다면 면제), 상계 의사표시 송달일 다음날부터는 동이항 소멸하여 위 약정차임 1.3배 불법행위 손해배상 예정액을 지급해야(단, 상계로 인하여 부속물매매대금채권이 전액 소멸되었음을 전제로).

주택임대차보호법

20. 대법원 2023. 02. 02. 선고 2022다255126 판결

[判例2023] 주임법상 대항력과 우선변제권 두 권리 겸유한 임차인이 우선변제권 선택하여 경매절차에서 **배당요구 했으나 보증금 전액 배당받을 수 없었다면 대항요건 유지로 임대차 존속 주장**할 수 있고 임차주택 양수인이 임대인 지위 승계하는 법리는, **주임법 3조의2 7항의 금융기관**이 임차인으로부터 보증금반환채권을 계약으로 양수함으로써 양수금액 범위의 우선변제권 승계하고 경매절차 배당요구로 보증금 중 일부 배당받은 경우도 마찬가지 → 대항력 존속하는 한 임차인은 보증금반환채권 양수한 금융기관이 보증금 잔액 반환받을 때까지 주택 양수인을 상대로 임대차관계 존속 주장 O

21. 대법원 2023. 06. 29. 선고 2020다276914 판결 ★★

[判例2023] 주택임대차보호법 3조 4항에 따라 임차주택 양수인이 임대인 지위를 승계하는 것은 임차인이 대항력 갖추고 있음을 요건으로 → **경매절차에서 경락인 소유권 취득 전에 임차인이 전출**함으로써 대항력 상실했다면 **경락인이 임대인 지위 승계하지 ✕**, 임대인이 보증금 반환의무 ○

正辯 : 주민등록은 주택임대차 대항력의 '존속요건'인 점에 유의해야

22. 대법원 2023. 12. 07. 선고 2022다279795 판결 ★

[判例2023] 2020. 7. 31. 개정 신설된 주임법 6조의3 갱신요구권 및 거절사유 취지는 임차인 주거생활 안정 위한 갱신요구권 보장함과 동시에 임대인 재산권 보호 조화 → 임대인이 8호 임대인(직계존·비속 포함) 실제 거주 의사 증명책임 있고, 단순한 의사 표명한 사정으로 바로 인정은 ✕, 내심의 장래 계획이란 특성상 통상 진정성을 수긍할 사정으로 존재 추인 ○ → 임대인 주거상황, 임대인·가족의 직장·학교, 실제 거주 의사 경위, 갱신요구 거절 전후 임대인 사정, 실제 거주 의사와 배치·모순되는 언동 유무, 이사 준비 유무·내용 등 여러 사정 종합하여

正辯 : A 아파트 임대인은 기간만료 전에는 본인·배우자·자녀가, 소장에서는 본인이나 부모가 거주할 예정이라고 주장 바뀐 점, 임대인은 인근 B 아파트와 다른 지역 C 주택 소유하는데 거절 무렵 자녀 교육 위해 C 주택 거주 중이었고 배우자는 직업상 B 아파트에 거주 중이었던 점, 다른 지역 생활 청산이나 전학·이사 준비 없었던 점 등을 종합하여 갱신요구의 거절을 불허한 사안

23. 대법원 2023. 12. 14. 선고 2023다226866 판결

[判例2023] 중소기업이 소속 직원 주거용으로 주택 임차 후 소속 직원(대표이사·사내이사를 제외)이 인도와 주민등록 마치면 대항력 ○(주임법 3조 3항) → 업무관련성, 임대료 액수, 지리적 근접성 등 다른 사정은 대항력 판단에 고려 ✕

24. 대법원 2024. 01. 11. 선고 2023다258672 판결 ★★

[判例2024] 주택임대차법 6조의3(갱신요구권) 4항이 준용하는 6조의2(묵시갱신) 1항에 따라 **임차인이 계약갱신 요구**하면 갱신거절사유 없는 한 **갱신요구 도달 시에 갱신 효력** 발생, **갱신 효력 발생 후 임차인은 언제든지 해지통지** ○, 그로부터 **3개월 지나면 효력** 발생 → **해지통지가 갱신된 임대차계약 기간 개시 전에 임대인에게 도달**했더라도 마찬가지

25. 대법원 2024. 06. 13. 선고 2024다215542 판결 ★

[判例2024] 매수인이 목적물에 관한 임대차보증금반환채무를 인수하며 **채무액을 매매대금에서 공제**하기로 약정한 경우, 특별한 사정이 없는 이상 매도인 면책되는 **면책적 채무인수** ✕ ∵ 면책적 채무인수는 병존적 채무인수나 이행인수와 달리 기존 채무자 면책되므로 인정함에 신중해야 → 설령 매도인·매수인 사이 보증금반환채무 **면책적 인수 약정 있었더라도** 효력이 생기려면 **채권자인 임차인의 명시적·묵시적 승낙 있어야** → 보증금반환채무 회수 가능성 등이 의문시되는 상황이면 임차인의 어떤 행위를 묵시적 승낙으로 쉽게 단정 ✕

正辯 : 임차인이 한국전력공사로서 원칙적으로 주택임대차보호법 보호받을 수 없는 법인이었음

26. 대법원 2025. 04. 15. 선고 2024다326398 판결 ★★★

[判例2025] 주임법 3조 1항 인도·주민등록으로 인한 대항력은 물권에 버금가는 강력한 것, 공시방법이 없으므로 인도·주민등록은 대항력 유지 위해 존속해야 → **임차인이 대항력 취득했어도 주택 점유 상실 시 대항력 소멸, 그 후 임차권등기명령 따른 임차권등기 마치더라도 대항력 소급 부활 ✕**, 임차권등기 시에 그것과 **동일성 없는 새로운 대항력 발생 ○** ∵ 주임법 3조의3 제5항(임차권등기명령 집행으로 임차권등기 마치면 대항력·우선변제권 취득)

正辯 : 임차인 甲의 인도·주민등록 이후 乙이 근저당권설정등기 → 기간만료 후 甲이 보증금반환에 관한 보험계약 체결한 보험회사 丙에 대해 보험금 청구하며 보증금반환채권 양도, 丙이 甲을 대위하여 임차권등기명령 신청, 甲이 이사한 후 임차권등기 경료 → 丁이 강제경매 주택 매수 → 甲이 이사할 때 대항력 소멸하고 임차권 등기로 새로운 대항력 취득 → 乙의 근저당권이 甲의 임차권보다 선순위 → 경매절차에서 근저당권 소멸하며 임차권도 함께 소멸(소멸주의) → 丁은 주임법 3조 4항 임차주택 양수인 ✕, 甲은 丁에게 임차권 효력 주장 ✕

27. 대법원 2025. 4. 24. 선고 2024다221455 판결

[判例2025] 주택임차인은 임차권등기명령 신청비용 및 임차권등기비용을 민사소송으로 청구하거나 상계 자동채권으로 행사 ○ ∵ 주임법 3조의3 제3항(임차권등기명령 신청 재판절차 및 집행 등에 민사집행법상 가압류 절차규정 일부 준용)과 제8항(임차인은 위 신청 및 등기 비용을 임대인에게 청구)에 불구하고 비용청구의 방법·절차에 관한 별도 규정 없으므로

« 상가건물 임대차보호법 »

28. 대법원 2023. 02. 02. 선고 2022다260586 판결 ★

[判例2023] 상임법상 임대인의 **권리금 회수 기회 방해로 인한 손해배상채무**는 상임법상의 특별한 법정책임 → **임대차 종료한 날 이행기 도래 ○, 그 다음날부터 지체책임 ○** ∵ 손해배상이 종료 당시 권리금 넘지 않도록 규정한 점, 그 소멸시효 기산일이 임대차 종료한 날인 점 등

正辯 : 권리금 회수 기회 방해로 인한 손해배상채무는 임차인의 목적물반환 여부와 상관없이 임대차가 종료한 다음날부터 지체책임 발생할 수 있음

29. 대법원 2023. 04. 13. 선고 2022다309337 판결 ★★

[判例2023] 상가임대차법 10조의9는 코로나19 여파 임차인 구제하고자 **특례기간**(2020. 9. 29.부터 6개월 동안)의 연체 차임액을 '계약갱신 거절사유(10조 1항 1호)', '권리금 회수기회 제외사유(10조의4 제1항 단서)', '계약 해지사유(10조의8)'의 연체 차임액에서 제외하되, 연체 차임액에 대한 임대인의 그 밖의 권리에는 영향 미치지 않는다고 규정 → 임차인 변제제공이 연체 차임액 전부에 미치지 못하면 **임차인은 476조 1항 지정충당 ○, 임대인의 476조 2항 지정충당**은 **상가임대차법 10조의9에 반할 경우 적용되지 ×**, 임차인 변제제공 당시 기준 477조 법정충당 ○ ∵ 변제충당 규정은 **임의규정**으로서 상가임대차법 위반하여 임차인에게 불리하면 무효(상가임대차법 제15조)

→ 결국 임차인의 변제제공이 특례기간 포함하여 전후 연체 차임액 전부에 미치지 못하면, 합의충당이나 임차인 지정충당 등 특별한 사정 없는 한, 477조 법정충당에 따라 변제제공 시점에 이행기 도래한 연체차임에 먼저 충당(1호), 그중 상가임대차법 10조의9 **특례기간의 연체차임**은 임대인의 갱신거절권·해지권 등 권리행사 제한되어 **변제이익 적으므로** 이행기 도래한 다른 연체차임보다 **후순위로 충당**(2호)

30. 대법원 2023. 11. 09. 선고 2023다257600 판결 ★★

[判例2023] 상임법 적용되는 임대차 종료하고 **보증금 반환받을 때까지 목적물 계속 점유·사용·수익**한 임차인은 종전 **임대차계약의 차임 지급의무** 부담할 뿐, 시가 따른 **차임 상당 부당이득반환의무 ×** ∵ 상임법 9조 2항 입법취지(보증금반환 실질 보장), 종료 후 의제되는 임대차관계의 법적 성격

正辯 : 이때 '부당이득'이 아닌 '차임'을 지급해야 한다는 점 때문에 만약 임차인이 사용·수익 하지 않았더라도 차임을 지급해야 하는지 문제되나, 판례 문구가 '임차인의 강한 보호'를 강조한 점(본 판결

은 차임 시세 1,300만 원보다 저렴한 약정 차임 420만 원을 인정한 사안임), 위 법리에서 "임차목적물을 계속 점유·사용·수익한 임차인"인 점을 강조하는 점 등에 비추어, 사용수익 하지 않은 임차인은 차임 지급 또는 부당이득 반환을 할 필요 없을 것임(私見)

31. 대법원 2024. 06. 27. 선고 2023다307024 판결 ★★

[判例2024] 상가 임차인이 임대차기간 만료 1개월 전부터 만료일 사이에 갱신거절 통지 했다면 **묵시적 갱신 ✕, 임대차기간 만료일에 종료 ○**, 만료 6개월부터 1개월 전까지 사이에 임차인이 별다른 조치 없을 때 만료 전 1개월 경과로 묵시 갱신 ✕

∵ 기간 정한 임대차계약은 기간만료 종료 원칙, **민법 639조**는 만료 후 상당 기간 이의 없어야 하고 만료 전 갱신거절 통지하면 묵시갱신 ✕, 상가임대차법 10조 1항은 임차인의 갱신요구권 인정할 뿐 **임차인의 갱신거절 통지는 기간 제한 없음**, 동조 4항은 **묵시적 갱신 규정**하면서 **임대인의 갱신거절·조건변경 통지기간 제한**했을 뿐 상가의 **임차인에 대해서는 기간 제한 규정 없음**(이와 달리 주택임대차법 6조 1항 후문은 "임차인이 기간 종료 2개월 전까지 통지 아니한 경우도 같다."는 규정 있음), 규정이 없는 이상 상가의 **임차인의 갱신거절 통지기간은 제한이 없는 것, 문언해석** 및 임차인 보호 **입법취지**에 위반

도급

32. 대법원 2023. 03. 30. 선고 2022다289174 판결 ★★

[判例2023] 도급계약에서 수급인 **보수는 완성된 목적물 인도와 동시에** 지급해야, **인도 요하지 않는 경우 일의 완성 후 지체없이** 지급해야 → 도급인은 완성된 목적물 **인도제공이나 일의 완성 있을 때까지 보수지급 거절 ○ → 일의 완성 전에 계약 해제**된 경우 **수급인은 보수청구 ✕**

다만 수급인 일부 미완성 부분이 있더라도 계약해제 이유로 **전부 원상회복하는 것이** 신의칙 등에 비추어 **공평·타당하지 않은 특별한 경우**라면 **예외적**으로 **이미 완성된 부분에 수급인의 보수청구권 인정 ○** → 도급인·수급인 관계, 도급계약의 목적·유형·내용·성질, 도급인의 관여 여부, **이행 결과의 정도** 및 **그로 인해 도급인이 얻을 실질적 이익** 존부, 계약해제 따른 **원상회복 시 사회적·경제적 손실** 발생 여부 등 종합적 고려해야

正辯 : 기존 판례의 '공사 상당 정도 진척되어 원상회복이 중대한 사회·경제적 손실 조래하고 완싱 부분이 도급인에게 이익되는 경우'와 유사한 판결

33. 대법원 2023. 10. 12. 선고 2020다210860 판결

[判例2023] 미완공 상태로 해제되어 기성고 공사비 정산할 경우, 설계·사양 '변경' 있으면 공사대금 변경하는 특약 있었고, 변경된 설계·사양으로 공사 진행되다가 중단되었다면, 변경된 공사대금에 기성고 비율 적용

« 조합 기타 전형계약 »

34. 대법원 2023. 06. 29. 선고 2023다218353 판결

[判例2023] 예금계약은 은행 등 금융기관을 수치인으로 하는 금전 소비임치 계약 → 만기 정해진 예금계약에 따른 금융기관의 예금반환채무는 만기가 도래하더라도, 임치인이 미리 만기 후 예금 수령방법을 지정한 경우와 같은 특별한 사정이 없는 한, 만기 도래만으로 금융기관인 수치인이 임치인에 대해 예금반환 지연으로 인한 지체책임 부담하지 ×, 정당한 권한 있는 임치인의 지급 청구에도 불구하고 수치인이 예금 반환 지체한 경우에 지체책임 ○

35. 대법원 2023. 08. 31. 선고 2022다293937 판결

[判例2023] 변호사와 의뢰인 사이 약정 있는 경우 위임사무 완료한 변호사는 원칙적으로 약정 보수액 전부 청구 ○ → 다만 사건처리경과·난이도·노력정도·소송물가액·승소이익 등을 고려하여 약정 보수액 부당히 과다하여 신의칙·형평에 반하는 특별한 사정 있다면 예외적으로 적당한 보수액만 청구 → 계약자유 원칙에 대한 예외이므로 합리적 근거 밝혀야 하고 부당성 주장하는 자가 입증책임

36. 대법원 2023. 10. 12. 선고 2022다285523 판결 ★

[判例2023] 조합에서 조합원이 탈퇴하는 경우, 탈퇴자와 잔존자 사이 탈퇴로 인한 계산은 특별한 사정이 없는 한 **719조 1항, 2항**에 따라 **'탈퇴 당시의 조합재산상태'**를 기준으로 평가한 **조합재산 중 탈퇴자의 지분에 해당하는 금액을 금전으로 반환**해야 → 조합원 지분비율은, 조합청산에서 실제 출자한 자산가액 비율로 하는 것과 달리, **조합 내부 손익분배 비율 기준**으로 계산해야

37. 대법원 2024. 02. 29. 선고 2023다294470 판결 ★

[判例2024] 수임인이 위임사무 처리 과정에서 **선관주의의무 위반**한 사실이 있더라도, 이후 수임인이 **선량한 관리자 주의 다하여 위임사무 처리 위한 비용 지출**했다면, 선행 선관주의 위반으로 인한 비용 증가 손해배상의무 부담은 별론, 위임인에 대하여 **688조 1항의 필요비 상환청구** O → 상환 청구 가능한 필요비는 수임인이 선관주의 다하여 필요하다고 판단하여 지출한 비용 O, 위임인에게 실익 발생 여부나 위임인의 목적 달성 여부는 불문(대법원 2006. 1. 26. 선고 2004다69420 판결)

38. 대법원 2024. 09. 13. 선고 2024다234239 판결 ★

[判例2024] 조합이 해산하면 청산절차가 통례이고 청산사무는 총조합원 공동으로 또는 그들이 선임한 자가 집행, 청산인 선임은 조합원 과반수로써(721조) → 그러나 처리할 조합의 잔무가 없고 잔여재산 분배만이 남아있다면 따로 청산절차 밟을 필요 X, 별도 특약 없는 한 출자의무 이행한 조합원은 바로 출자재산 반환청구 O → 그렇지 않다면 청산절차 종료되지 않은 상태에서 잔여재산 분배청구 X ∵ 분배할 잔여재산 가액은 청산절차 종료된 때 확정

39. 대법원 2024. 09. 27. 선고 2024다224645 판결 ★

[判例2024] 조합계약(동업계약)에서는 해산청구, 조합으로부터 탈퇴, 조합원 제명만 가능할 뿐, 일반계약 같은 조합계약 해제·해지하고 원상회복의무 부담 X

탈퇴(716조)는 특정 조합원이 장래 향하여 조합원 지위 벗어나고 조합 자체는 나머지 조합원에 의해 동일성 유지하며 **존속**하여 동업사업 계속 유지·존속을 전제로, 반면 **해산청구(720조)**는 조합 **소멸** 위하여 목적 사업 수행 적극적 활동 중지하고 조합재산 정리 단계 가는 것 → 조합 당사자 간 불화·대립으로 신뢰관계 깨어지고 특정 조합원의 탈퇴·제명으로도 조합업무 원활한 운영 기대할 수 없는 상황에서 특정 조합원이 다른 조합원에게 해지통고 했다면 조합 소멸하는 조합 해산청구 O

40. 대법원 2024. 11. 14. 선고 2021다215060 판결 ★

[判例2024] 수임인은 위임사무 처리로 받은 금전 기타 물건, 수취한 과실을 위임인에게 인도해야(684조 1항) → 인도 시기는 특별한 사정 없는 한 위임계약 종료 시, 반환할 금전 범위도 위임 종료시 기준으로

正辯 : 위임 해지하면 수임인이 받은 금전에 대하여 위임 종료 시(정확히는 다음날, 私見)부터 지연손해금청구 O, 금전지급 청구 시부터 X

41. 대법원 2025. 6. 26. 선고 2025다205399 판결 ★★

[判例2025] 조합의 통상사무는 각 조합원 또는 각 업무집행자가 단독으로 집행할 수 있고(민법 제706조 제3항), 조합업무를 집행하는 조합원이 그 집행에 관하여 필요비를 지출한 때에는 그 비용의 상환을 조합에 청구할 수 있다(민법 제707조, 제688조 제1항). 여기에서 필요비는 조합업무를 집행하는 조합원이 선량한 관리자의 주의를 가지고 조합에 필요하다고 판단하여 지출한 비용을 의미한다. 이때 조합의 비용상환채무는 특별한 사정이 없는 한 조합채무에 해당한다.

조합과 조합원이 계약명의신탁약정 맺고 조합원이 조합 공동사업 필요한 부동산을 **선의 상대방**으로부터 매수하는 매매계약 체결하고 조합원 명의 등기 경료로 **조합원이 부동산 소유권 취득**했어도, 특별한 사정 없는 한 **조합원은 조합에 대해 조합업무 집행**에 관하여 **부동산에 지출한 필요비 상환청구** ○

조합관계가 종료된 경우 당사자 사이에 별도의 약정이 없는 이상 청산절차를 밟는 것이 통례이나, 조합의 잔무로서 처리할 일이 없고 잔여재산의 분배만이 남아 있을 때에는 따로 청산절차를 밟을 필요가 없다. 잔여재산은 조합원 사이에 별도의 약정이 없는 이상 각 조합원의 출자가액에 비례하여 분배하도록 되어 있으므로, 비록 조합채무의 변제 사무가 완료되지 아니한 사정이 있더라도 그 채권자가 조합원인 경우에는 동업체 자산을 보유하는 자가 동업체 자산에서 채권자 조합원에 대한 조합채무를 공제하여 분배대상 잔여재산액을 산출한 다음, 다른 조합원들에게 잔여재산 중 각 조합원의 출자가액에 비례한 몫을 반환함과 아울러 채권자 조합원에게 조합채무를 이행함으로써 별도의 청산절차를 거침이 없이 간이한 방법으로 공평한 잔여재산의 분배가 가능하다.

正辯 : 甲과 乙이 경매 목적물인 부동산을 매수한 후 개발·매각하는 사업을 공동으로 진행하여 수익을 분배하기로 하는 내용의 조합계약을 체결함에 따라, 乙이 위 부동산의 경매절차에 입찰보증금을 납부하고 참가하여 매각허가결정을 받은 다음 수산업협동조합중앙회에 위 부동산에 관한 근저당권설정등기를 마쳐주고 금전을 대출받아 나머지 매각대금을 납부하고 자신의 명의로 소유권이전등기를 마쳤고, 이후 자신의 비용으로 위 부동산에 관한 대출이자와 재산세를 변제하여 왔는데, 위 부동산 매각 후 甲과 乙이 조합계약 종료를 이유로 각각 상대방에게 잔여재산 분배 등을 구한 사안에서, 조합과 乙은 위 부동산에 관한 계약명의신탁약정을 한 것이고, 위 부동산 매매의 상대방 당사자가 명의신탁약정 사실을 알지 못한 상태에서 부동산 매수 및 등기가 이루어져 부동산 실권리자명의 등기에 관한 법률(이하 '부동산실명법'이라 한다) 제4조 제2항 단서에 따라 乙이 부동산 소유권을 취득하였으며, 조합은 부동산 자체가 아니라 매수대금 상당의 부당이득반환채권을 조합재산으로 보유하게 되었다고 한 다음, 乙이 자신의 비용으로 대출이자와 재산세를 변제한 행위는 조합계약의 목적 달성을 위한 일상적·반복적 사무로서 조합재산의 처분 또는 변경에 해당하지 않는 통상사무에 해당하므로 조합원인 乙은 특별한 사정이 없는 한 단독으로 이를 집행할 수 있고, 위 변제가 부동산 매각 등을 통해 이익을 발생시키려는 조합의 목적 달성과 밀접한 관련이 있는 점, 위 변제는 대출 명의자이자 부동산 소유자인 乙이 행하는 것이 자연스러운 점 등을 고려하면, 乙이 변제로 지출한 비용은 조합원인 乙이 선량한 관리자의 주의를 가지고 조합에 필요하다고 판단하여 지출한 비용으로서 필요비에 해당하고, 乙이 부동산실명법에 따라 부동산의 소유자가 되었다는 사정만으로 그가 민법 제707조, 제688조 제1항에 따라 조합에 가지는 비용상환청구

권이 당연히 부정되는 것은 아니므로, 이러한 비용상환 문제가 달리 해결되지 않은 이상 조합관계 종료로 인한 잔여재산 분배단계에서는 그 비용상환채무의 존재가 고려되어야 하는데도, 이와 달리 보아 조합이 乙에게 대출이자 및 재산세 상당액의 상환채무를 부담하지 않는다는 전제에서 분배대상 잔여재산액을 산출한 원심판단에 법리오해의 잘못이 있다고 한 사례.

« 부당이득 »

42. 대법원 2023. 01. 12. 선고 2022다270002 판결

[判例2023] 저작권자 허락 없이 저작물 이용한 사람은 특별한 사정이 없는 한 법률상 원인 없이 이용료 상당액 이익 얻고 이로 인하여 저작권자에게 그 금액 상당 손해 가한 것 → **허락 받았다면 지급했을 객관적 상당한 이용대가 금액 부당이득반환 O, 이익 현존 O, 선의 수익자도 O**

43. 대법원 2023. 06. 29. 선고 2021다243812 판결 ★

[判例2023] 확정판결에 기한 이행으로 받은 급부는 법률상 원인 없는 이익 **X, 부당이득 X,** 그 급부뿐만 아니라 **그 급부 대가로서 기존 급부와 동일성 유지하며 형태 변경된 것에 불과한 처분대금 등도 마찬가지** ∵ 확정판결은 **재심 등으로 취소되지 않는 한** 소송당사자 기속

44. 대법원 2024. 04. 12. 선고 2023다307741 판결 ★★

[判例2024] 그러나 확정판결과 달리 **지급명령은 기판력 없으므로** 실체적 권리관계와 다른 내용의 지급명령 확정되고 그 지급명령에 기한 이행으로 금전 교부되었다면 **부당이득 O**(대법원 2014. 1. 29. 선고 2013다79405 판결).

45. 대법원 2024. 02. 15. 선고 2023다272883 판결 ★

[判例2024] 변제 목적으로 급부 이뤄졌으나 **법률상 원인이 없다면** 비채변제로서 **변제 주체가 부당이득반환청구** → 채무자의 **'이행보조자'가 변제**했다면 **'채무자'**가 변제 주체, 타인의 채무

를 **제3자가 변제**했다면 **제3자**가 변제 주체(391조, 469조 참조) → 변제 주체에 대한 증명책임은 자신이 변제 주체임을 전제로 변제에 법률상 원인이 없다고 주장하며 부당이득 반환청구를 하는 사람에게

正辯 : S화재가 보험금 지급한 것을 H해상이 부당이득반환 구하려면 S화재의 보험금 지급이 H해상의 '이행보조자'로서 한 것임을 증명해야

46. 대법원 2024. 06. 27. 선고 2023다275530 판결

[判例2024] 국가·지방자치단체가 위법하게 사유지 점유 개시한 경우, 토지보상법에 따라 손실보상금 지급할 가능성 있었다는 사정만으로 소유자에 대한 부당이득반환의무 소멸 ✕ → 토지보상법에 따른 적법한 수용·사용 절차를 통해 정당한 보상을 함으로써 토지 사용권 획득한 이후에야 그 범위 내 부당이득반환의무 면함

47. 대법원 2024. 10. 08. 선고 2024다257362 판결

[判例2024] 744조 도의관념 적합 비채변제에서 '도의관념'은 객관적 관점, 일반인의 법감정으로 판단하며 그 증명책임은 급부수령자에게 → 강행법규 위반 무효 약정 또는 상대방 고의·중과실 위법행위에 기해 이뤄진 비채변제는 도의관점 적합하다고 속단할 수 ✕

일반 불법행위

48. 대법원 2023. 01. 12. 선고 2021다201184 판결

[判例2023] 대통령긴급조치 제1호(1974. 1. 8.), 제4호(1974. 4. 3.)는 위헌·무효임이 명백, 그로 인한 국민 기본권 침해는 그에 따른 강제수사·공소제기·유죄판결선고를 통해 현실화 → **긴급조치 제1호, 제4호 발령부터 적용·집행에 이르는 일련의 국가작용은 전체적으로 보아 공무원이 직무 집행하며 객관적 주의의무 소홀하여 직무행위 객관적 정당성 상실 및 위법, 개별 국민에 대해 국가배상책임** ○

헌법재판소 위헌결정으로 '과거사정리법'상 '민간인집단희생사건', '중대인권침해사건·조작의혹사건'의 국가배상청구권은 민법 766조 2항 장기소멸시효 적용 ✕

국가배상청구권의 3년 단기시효는 민법 766조 1항 외에 166조 1항도 적용 O → '손해·가해자 안 날' 및 '권리행사 가능'해야 시효 진행

正辯 : 긴급조치 제1호, 제4호 위반 혐의로 영장 없이 체포·구속, 기소되지 않고 구속취소로 석방된 甲이 '민주화보상법'상 인정결정 받아 보상금 지급결정 동의로 수령한 후 국가 상대로 국가배상청구 → 소 제기 당시까지도 甲이 권리 행사할 수 없는 장애사유 O, 소멸시효 완성되지 ✕ ∵ 재심대상 아니어서 형사재심 거치지 않고 청구에 이른 점, 긴급조치 위헌·무효 판단 이후에도 국가배상청구 원칙적 부정했던 대법원 판례 존재, 민주화운동 보상금 지급결정 동의에 재판상 화해 효력늘 인정하던 구법 등 제반 사정 종합

49. 대법원 2023. 01. 12. 선고 2022다266874 판결 ★★

[判例2023] 甲이 乙 앞으로 마쳐준 소유권이전등기가 명의신탁 의한 것이라 무효라며 **乙을 상대로 말소청구 소 제기, 제1심·항소심 모두 승소, 상고심 계속 중 소 취하** → 그 후 말소 거부하는 乙을 상대로 **재차 말소청구 소 제기했다가 상대방이 '재소금지' 항변하자 부동산 가액 상당 손해배상으로 청구변경 → 기각** ∵ 차액설에 의해 부동산 **교환가치 전액이 손해가 되려면 乙의 행위로 부동산 멸실되거나 甲이 소유권 상실해야, 양자 간 명의신탁**은 실명법에 따라 여전히 신탁자 甲이 소유권 보유하여 乙 앞으로 마친 소유권등기로 甲이 손해 ✕, 재소금지의 효과로 실체상 권리 소멸하지는 ✕

正辯 : 만일 乙이 제3자에게 부동산 처분한다면 실명법 4조 3항에 의해 甲의 소유권 상실되므로 그때 비로소 손해배상 구할 수 있을 것

50. 대법원 2023. 03. 16. 선고 2022다283305 판결

[判例2023] 환자는 생명·신체기능 어떻게 유지할지 스스로 결정하고 의료행위 선택 권리 있지만 신의칙·공평에 비추어 피해자인 **환자는 손해 방지·감경 노력할 일반적 의무** O → 수술과 같이 신체 침해 수반 의료행위가 위험·중대하지 않아 결과 불확실하지 않고 관례적이며 상당한 호전을 기대할 수 있다면, **피해자가 합리적 이유 없이 자기결정권 행사하여 이러한 의료행위 거부함으로써 손해 확대**되면 손해 공평 부담 견지에서 **확대된 손해 부분 공제**한 나머지만 가해자 배상 범위로 제한 → 수술로 후유증 개선 가능하다면, 일실이익 산정 전제인 노동능력상실률은 특별한 사정이 없는 한 수술 시행 후에도 여전히 남을 후유증 기준으로 정해야

正辯 : 법원 신체감정으로 우측 슬관절 전방 불안정성 소견 및 노동능력상실률 14.5%라는 것과 함께 십자인대 재건술(위 불안정성 개선에 관례적) 필요하고 향후 수술 시 동요 정도 변동 예상되어 재감정 필요하다는 결과 → 원심은 수술 후에도 증상 호전되지 않을 수 있다는 이유로 재건술 시행 전의 상태를 기준으로 노동능력상실률 정하여 위법

51. 대법원 2023. 03. 09. 선고 2020다218925 판결 ★

[判例2023] 의료법 및 관계 법령들 취지 비추어, 환자가 미성년자라도 **의사결정능력** 있는 이상 자신의 신체에 위험 가하는 의료행위에 자기결정권 ○, **의사는 미성년자 환자에 설명의무** 부담 ○ → 그러나 의사가 미성년자 환자의 **친권자·법정대리인에게 의료행위 설명**했다면 그를 통해 전달됨으로써 미성년자 환자에 설명의무 이행 ○ ∵ 미성년자 환자는 친권자 등의 보호 상황 많고, 미성년자 복리 위하여 더 바람직

다만 친권자 등에게 설명해도 전달되지 않아 의료행위 결정·시행에 **미성년자 의사 배제될 것 명백**하거나 **미성년 환자가 의료행위에 적극적 거부의사** 보이는 등 **특별한 사정** 있다면 친권자 등에 대한 설명만으로 설명의무 다한 것 ✕, **미성년 환자에게 직접 설명해야** → 미성년 환자 나이·이해력에 맞춰 설명해야

52. 대법원 2023. 06. 01. 선고 2020다242935 판결 ★

[判例2023] 가압류·가처분 등 보전처분은 법원 재판으로 집행되나 실체법상 청구권 여부를 본안소송에 맡기고 단지 소명에 따라 채권자 책임으로 → 보전처분 집행 후 집행채권자가 본안소송 패소 확정되었다면 보전처분 집행으로 채무자가 입은 손해에 대해 특별한 반증 없는 한 집행채권자 고의·과실 추정 ○, 보전처분의 부당 집행으로 인한 손해에 집행채권자가 채무자에게 배상해야

53. 대법원 2023. 08. 18. 선고 2022다306185 판결 ★

[判例2023] **의료진 주의의무 위반** 정도가 일반인 입장에서 수인한도 넘어 **현저하게 불성실한 진료** 행한 것으로 평가될 정도라면 그 자체로서 불법행위 ○ → 그 위자료는 환자에게 발생한 신체상 손해 관련 정신적 고통 위자 ✕, **불성실한 진료 그 자체로 인한 정신적 고통 위자** ○ → 불성실 진료로 이미 발생한 정신적 고통 중대하여 진료 후 **신체상 손해가 발생 않더라도** 별도 위자료 인정이 사회통념상 마땅한 정도 이르러야 → 수인한도 넘는 현저하게 불성실 진료 했다는 점은 피해자가 증명책임

54. 대법원 2023. 11. 16. 선고 2022다265994 판결

[判例2023] 부작위에 의한 불법행위는 '작위의무' 필요 → 법적 의무일 것, 근거는 법령·법률행위·선행행위 ○, 그런데 신의성실원칙·사회상규·조리로 작위의무 인정하려면 혈연적 결합관계나 계약관계 등 특별한 신뢰관계로 상대방 법익 보호 및 침해 방지할 책임 있거나 상

대방에게 피해 입힐 위험요인을 지배·관리하는 등 상대방의 법익 보호나 침해 방지할 특별한 지위 있어야

55. 대법원 2023. 11. 16. 선고 2020다292671 판결

[判例2023] 일실이익 산정 시 노동능력상실률은 단순한 의학적 신체기능장애율 ✕, 피해자의 연령·교육정도·직업경력·기능숙련도·기능장애정도·전업가능성 기타 사회적·경제적 조건 모두 참작하여 경험칙으로 정한 수익상실률 O

56. 대법원 2023. 11. 30. 선고 2022다280283 판결

[判例2023] 민법상 불법행위가 되는 명예훼손이란 공연히 사실을 적시함으로써 사람의 인격적 가치에 대하여 사회적인 객관적 평가를 침해하는 행위 → 의견·논평 표명 형식의 표현행위도 전체적 취지상 의견의 근거인 숨겨진 기초사실에 대한 주장이 묵시적 포함되어 있다면 명예훼손 O → 순수하게 의견만 표명한 경우, 표현행위가 모욕적·경멸적 인신공격으로 별개 유형 불법행위 구성함은 별론, 의견 표명 자체만으로 명예훼손 ✕

正辯 : 강제징용 노동자상이 조선인이 아니라 일본인을 모델로 만들었다는 발언은 의혹 제기나 비판적 의견 표명 여지 있고 공공 이익과 관련되며 진실이라 믿을 만한 상당한 이유 O

57. 대법원 2024. 01. 04. 선고 2022다286335 판결

[判例2024] 재산상태 차이인 손해액은 원칙적으로 불법행위 시를 기준으로 산정해야 → 특정 주식의 가격상승에 관한 기망으로 매수하게 한 것이 불법행위에 해당할 경우도 마찬가지 → 매수 전후 정상적 거래대상이었고 기망 없었다면 매수하지 않았을 것이라 단정할 수 없다면, 불법행위로 인한 재산상 손해는 주식 매수대금에서 취득 당시 객관적 가액 상당을 공제한 차액

58. 대법원 2024. 01. 04. 선고 2022다284513 판결

[判例2024] 단순히 '종북' 등 정치적으로 부정적 표현 사용했다고 명예훼손 단정 ✕ → 정치적·이념적 논쟁 과정에서 통상 있는 수사학적 과장이나 비유적 표현에 불과하고 의미도 가변적이어서 명예훼손 ✕

59. 대법원 2025. 02. 27. 선고 2023다233895 판결

[判例2025] 대법원규칙에 따라 재판장이 대법원 변론·선고의 중계방송·녹화결과물 게시 하도록 하거나 제한 등 필요한 조치하는 것은 공공이익과 초상권(인격권) 사이에서 여러 사정 종합적 고려하여 이뤄진 판단으로서 재판장 직무수행 요구 기준 현저히 위반하는 등 사정이 없는 이상 국가배상책임 ✕

正辯 : 대법원이 가수 甲의 그림대작 형사사건의 공개변론 과정을 촬영하여 대법원 홈페이지와 인터넷 포털사이트로 실시간 중계하고 담당공무원이 촬영된 동영상을 대법원 홈페이지에 게시하자 공개변론법정에 공동피고인으로 출석했던 甲의 매니저 乙이 동영상에 모자이크 처리가 없어 초상권 침해당했다며 국가배상 청구한 사안에서, 이를 인정한 원심을 파기하였음

특수불법행위

60. 대법원 2023. 05. 18. 선고 2022다230677 판결 ★

[判例2023] 제조물 결함으로 손해 입은 자가 제조물책임법 손해배상이 아닌 민법상 불법행위책임 주장했더라도 법원은 민법에 우선하여 제조물책임법 적용해야 ∵ 제조물책임법은 불법행위 관한 민법의 특별법 → 제조물책임법 요건 못 갖췄어도 민법상 불법행위 요건 갖췄다면 민법상 불법행위책임 인정 ○

正辯 : 구이론에 의해도 특별법 관계는 하나의 소송물이므로 처분권주의 위반이 아님

61. 대법원 2023. 06. 29. 선고 2022다309474 판결 ★★

[判例2023] 공동불법행위자 중 1인이 자기 부담부분 초과하여 구상에 응했고 그로 인하여 다른 공동불법행위자가 출연 없이 채무 면하게 될 경우, 구상에 응한 공동불법행위자는 다른 공동불법행위자의 부담 부분 내에서 부담 부분을 초과하여 변제한 금액에 관하여 구상권 취득 ○

공동불법행위자 중 1인이 공동면책 시키고 면책 금액 중 다른 공동불법행위자 과실 비율 상당 금액과 공동면책일 이후 법정이자 및 피할 수 없는 비용 기타 손해배상을 구상할 때, 피해자에게 지급한 소송비용상환액뿐 아니라 소송수행 과정에서 지출한 소송비용 및 합리적 범위 변호사보수도 포함 ○

공동불법행위자가 **공동면책 아닌 자신의 권리 방어 위해 지출한 소송비용**은 **다른 공동불법행위자에 구상** ✕ → **공동면책 시킨 공동불법행위자로부터 구상금청구소송** 당하여 지출한 **변호사보수**는 나머지 공동불법행위자에 **구상** ✕

62. 대법원 2023. 12. 14. 선고 2022다208649 판결 ★

[判例2023] 과실에 의한 방조행위와 손해 발생 사이 상당인과관계를 판단할 때는 예견가능성, 피해자의 방지 가능성 등 종합적 고려하여 책임 지나친 확대 않도록 신중 기해야 → 타인의 불법행위 계속 중 공동불법행위자의 과실행위 이뤄졌다면, 특별한 사정 없는 한 그 과실행위 이전에 타인의 불법행위로 발생한 손해와 과실행위 사이에는 상당인과관계 ✕ ∵ 공동불법행위자 1인이라고 자신의 행위와 상당인과관계 없는 손해까지 당연히 배상책임 지는 것은 ✕

63. 대법원 2024. 02. 15. 선고 2019다208724 판결 ★

[判例2024] 점유로서 사실상 지배는 사회통념 합목적적 판단해야 → **758조 1항의 공작물 '점유자'**에 가사·영업 기타 유사한 관계로 타인의 지시를 받아 공작물을 사실상 지배하는 **점유보조자(195조)**는 ✕

64. 대법원 2024. 09. 27. 선고 2024다249729 판결 ★

[判例2024] 공동불법행위자 1인의 보험자가 피해자에게 손해배상금을 보험금으로 모두 지급하여 공동면책 → 피보험자(공동불법행위자)는 ① 다른 공동불법행위자를 상대로 부담 부분에 구상권 ○, ② 다른 공동불법행위자의 보험자를 상대로 부담 부분에 구상권 직접 행사(상법 724조 2항) → 손해배상금 지급한 보험자는 자신의 피보험자가 다른 공동불법행위자의 보험자에 대해 갖는 직접적 구상권을 취득하여 그 보험자에게 행사(상법 682조 보험자대위) → 보험자대위로 취득한 피보험자의 다른 공동불법행위자 및 그 보험자에 대한 구상권의 소멸시효기간은 일반채권과 같이 10년, 기산점은 구상권 발생 시점(현실로 피해자에게 지급한 때)

그러나 피해자에게 손해배상금 지급한 보험자가 다른 공동불법행위자의 보험자의 부담 부분에 '직접' 행사하는 구상권(보험자는 피해자에게 직접 손해배상채무 부담하므로)은 5년의 상사시효 ∵ 상인이 영업 위하여 하는 보조적 상행위

공동불법행위자 1인의 보험자가 피해자에게 손해배상금(보험금) 지급한 경우, 다른 공동불법행위자의 보험자에 직접 가지는 구상권과 상법 682조에 따라 피보험자의 다른 공동불법행위자의 보험자에 대한 구상권을 대위 취득한 권리는 내용이 전혀 다른 별개의 권리 (구상권 ≠ 보험자대위권)

65. 대법원 2024. 11. 14. 선고 2022다281378 판결

[判例2024] 위 피해자(상대방)의 악의나 중과실을 판단함에 있어서는 행위의 법령상 제한 위반에 대한 상대방의 인식가능성, 상대방의 경험·지위, 종래 거래관계, 당해 행위의 성질·내용 등 종합적 고려해야

Part 3
민법총칙

03

« 신의성실의 원칙 »

01. 대법원 2023. 03. 13. 선고 2022다293999 판결 ★

[判例2023] 甲이 취득한 빌딩과 乙 등이 구분소유하는 빌딩 사이 乙 등의 빌딩 출입자와 인근 주민들 통행로로 사용하는 부지 있고, 그 대부분이 甲의 빌딩 부지에 포함 → 甲이 乙 등을 상대로 위 **통행로 중 甲 소유 부분에 대한 통행금지청구** → 乙 등의 빌딩 사용승인 전부터 인근 주민 비롯한 불특정 다수인 해당 부분 통행에 제한 없었고, **甲의 빌딩 부지의 전 소유자는 乙 등의 빌딩 건축 당시 해당 부분 무상사용과 불특정 다수인 통행 수인, 甲은 이러한 이용상황 및 소유권 제약 상태 알고 빌딩 및 부지 취득,** 乙 등이 일상생활 필요한 범위 내 다른 사람들과 같은 방법으로 해당 부분 통행할 것임을 충분히 예상, **통행 금지한다면 乙 등의 빌딩의 출입구 위치·형태·구조 특성상 출입 상당한 제약으로 큰 불편·혼란 예상** → 甲이 해당 부분 소유권에 기초하여 **이용자들 중 객관적 용도 따른 편익이 가장 필요한 乙 등에게만 선별적·자의적으로 통행 금지함은 '권리남용'**으로 **불허** ∵ 소유권 행사 따른 **실질적 이익 없이 단지 상대방의 통행 자유 침해라는 고통과 손해만** 가하는 것

« 법인 일반, 설립, 소멸 »

02. 대법원 2023. 02. 02. 선고 2022다276703 판결 ★

[判例2023] 개인이 영업하다가 영업목적, 물적 설비, 인적 구성원 등 동일한 회사를 설립하는 경우 법인격 남용이라면 **회사의 법인격 부인**하여 **배후에 있는 개인에게 책임 ○** → 새로 설립된 경우뿐 아니라 **기존 회사 법인격 이용되는 경우에도 적용 ○ → 형해화**(회사가 이름뿐이고 실질적 개인기업) 여부는 문제된 **법률행위·사실행위 시점을 기준**으로, **형해화는 아닌 법인격 남용** 여부는 **남용행위 시점을 기준**으로 각 판단해야

03. 대법원 2024. 03. 28. 선고 2023다265700 판결 ★★

[判例2024] 기존회사에 대한 소멸시효 완성되지 않은 상태에서 **신설회사가** 기존회사와 **별도로 자신에 대해 소멸시효 완성되었다고 주장**하는 것 역시 별개 법인격을 갖고 있음을 전제로 하는 것이어서 신의성실 원칙상 허용 ✕, **법인격남용** ○

04. 대법원 2024. 06. 27. 선고 2023다254984 판결

[判例2024] 민법상 사단법인의 총회 결의는 민법·정관에 다른 규정이 없으면 사원 과반수 출석, 출석사원 결의권의 과반수로써(75조 1항), 총회 소집은 1주간 전에 그 목적사항 기재한 통지 발하는 방법으로(71조), 정관에 다른 규정이 없는 한 총회는 통지 이뤄진 사항에 관해서만 결의(72조) → 민법상 사단법인의 총회 결의는 소집·개최 절차 이뤄진 총회에 사원들 참석하여 결의함이 원칙 → 법률·정관에 정함도 없이 소집·개최 절차 없이 목적사항 서면통지하고 단순 찬반투표만 서면으로 받아 다수결로 정하는 '서면결의'는 결의에 중대한 하자 ○, 총회결의 무효 ○ ∵ 총회에 참석하여 적극 토론하고 결의할 사원권 행사 제한되므로

« 대표기관의 행위에 대한 법인의 책임 »

05. 대법원 2024. 07. 25. 선고 2024다229343 판결

[判例2024] 위 피해자의 악의나 중과실을 판단함에 있어서는 행위의 법령상 제한 위반에 대한 상대방의 인식가능성, 상대방의 경험·지위, 종래 거래관계, 당해 행위의 성질·내용 등 종합적 고려해야

06. 대법원 2024. 01. 04. 선고 2023다263537 판결 ★

[判例2024] 법인과 이사는 신뢰 기초로 한 위임 유사 관계 → 689조 1항(각 당사자 언제든지 해지)에 따라 법인은 원칙적으로 임기 만료 전에도 언제든지 이사 해임 ○ → 다만 임의규정이므로 정관에 이사 해임사유·절차 등에 별도 규정 ○ → 정관에 이사 해임사유 규정 있다면 이사의 중대한 의무위반 또는 정상적 사무집행 불능 등의 특별한 사정이 없는 한 법인은 정관에서 정하지 않은 사유로 이사 해임 ✕ ∵ 위 정관 규정은 이사 신분 보장 의미도 있고 주의적 규정 ✕

정관에 정한 사유로 이사 해임할 경우도 자치법규 존중해야 하므로 해임사유 실제 발생한 이상 이사 해임 ○, 법인·이사 사이 신뢰관계 유지 어렵다는 요건은 불필요, 설령 신뢰관계 파탄이 전제된 해임사유이더라도 그 사유 판단으로 충분하고 별도로 판단할 필요 ✕

« 권리능력 없는 사단 »

07. 대법원 2023. 11. 02. 선고 2023다259316 판결

[判例2023] 교회 분쟁 소송은 비법인사단에 관한 민법 이론으로 판단 → 특정 교단에 가입한 지교회가 교단이 정한 헌법을 자신의 자치규범으로 받아들였거나 자신의 규약을 갖춘 경우, 소속 교단의 변경은 실질적으로 자치규범 변경 결과 초래하므로 사단법인 정관변경에 준하여 의결권 교인 2/3 이상 찬성 결의 필요 → 다만 정수에 관하여 규약에 다른 규정 가능(42조 1항 본문·단서)

08. 대법원 2023. 12. 28. 선고 2023다278829 판결 ★

[判例2023] 고유 의미 종중이 자연발생적 성립한 후 종중규약 작성하면서 일부 종원 자격을 임의로 제한·확장하면 그 규약은 종중의 본질에 반하여 무효 → 그로 인하여 이미 성립한 종중의 실재 자체가 부인되지는 않음 → 종중원 자격은 박탈 ✕, 종중 탈퇴 ✕ → 공동선조 후손들이 종중 양분하는 '종중분열' ✕

09. 대법원 2024. 12. 24. 선고 2024다274398 판결 ★

[判例2024] 종중의 대표자는 규약·관례에 따르고, 그것이 없다면 종장·문장이 성년 이상 종원 소집하여 선출, 평소 종장·문장 선임되지 않았으면 현존하는 연고항존자가 종장·문장이 되어 국내 거주 소재 분명 종원에게 통지하여 종중총회 소집하고 종중 대표자 선임하는 것이 일반 관습

'종중 회장은 종손으로 한다.'는 종중 규약의 내용은 공서양속 위반, 종원의 고유·기본적 권리의 본질적 내용 침해, 종중의 본질·설립목적에 크게 위배되어 무효 ∵ 헌법 최상위 규범으로 하는 전체 법질서, 개인 존엄과 양성평등 기초로 가족생활 보장, 종중의 본질 등

« 법률행위 일반, 법률행위 해석 »

10. 대법원 2023. 06. 15. 선고 2022다247422 판결

[判例2023] 실제 계약 체결한 행위자가 자신의 이름은 특정하여 기재하되 불특정인을 추가하는 방식으로, 즉 '외 ○인'과 같이 계약서상 당사자를 표시한 경우, 계약서 자체에서 당사자로 특정할 수 있거나 상대방 입장에서도 특정할 수 있는 특별한 사정 인정되는 당사자만 계약당사자 지위 인정, 위 특별한 사정은 신중하게 판단 ∵ 계약당사자는 계약상 권리·의무 주체가 되어 법률관계 중대한 영향, 때로는 강행규정 잠탈 탈법적 의도

« 법률행위의 내용(목적) »

11. 대법원 2023. 02. 23. 선고 2022다287383 판결
대법원 2023. 06. 15. 선고 2022다211959 판결

[判例2023] 법률행위 당사자 사이 경제력 차이로 우월한 지위인 일방이 그 사업자 지위 이용하여 부당한 이득 얻고 상대방에게 과도한 반대급부나 부담을 강제하는 경우는 103조 공서양속 위반으로 무효

正辯 : 2022다211959 판결은 연 24% 약정이율이 당시 이자제한법(최고이자율 연 30%)을 초과하지는 않았으나 신용조사료·공증료·대출취급수수료 명목으로 채무자에게 대출 대가를 부담시킨 사안, 2022다287383 판결은 대출이용자가 기한의 이익 상실될 경우에 사유 불문하고 모든 책임·위험을 대출알선자가 부담하도록 한 사안

12. 대법원 2024. 03. 12. 선고 2023다301712 판결 ★

[判例2024] 104조 불공정한 법률행위는 객관적으로 급부와 반대급부 사이에 현저한 불균형, 주관적으로 피해자의 궁박·경솔·무경험을 이용 → 현저한 불균형 판단하려면 급부와 반대급부를 확정하고 각 객관적 가치 비교·평가해야, 단순히 시가 차액·배율로 판단 ✕, 구체적·개별적 사안에서 일반인 사회통념으로 결정

그 법률행위의 결과 **제3자와 계약관계에서 입었을 불이익을 면하게** 되더라도 이를 **상대방의**

'급부'로 평가할 수 × ∵ 그렇게 하면 불이익보다 반대급부 이행이 경제적 유리하여 법률행위를 한 대부분의 경우 불공성 부정되어 부당 → 그러한 불이익은 급부·반대급부 사이 불균형이나 당사자 **궁박 여부 판단할 때 고려사항**에 불과

'궁박'에는 **정신적·심리적** 원인 포함 ○ → 당사자가 계약 불이행으로 얻을 이익이 불이익보다 크다고 판단하여 불이익 예측하면서도 감수하고 계약 위반행위를 함으로써 상대방과의 관계에서 급박한 곤궁 상태에 이른 것이면, **사소한 궁박에 104조를 적용하는 것에는 엄격**하고 신중해야

正辯 : 甲과 乙의 합의에서 甲의 급부는 대항력 있는 임차권 포기하고 기간만료 전에 목적물 인도하는 것, 乙의 반대급부는 약정금 지급하는 것 → 甲이 합의한 의무를 이행하지 않을 경우 乙은 丙 회사와 체결한 매매계약에 따라 위약금 부담 → 甲의 인도 이뤄짐으로써 乙이 丙에 대한 위약금 지급 면하게 되더라도, 이것이 甲의 급부 그 자체는 × → 이를 甲의 급부에 계산해 넣은 다음 甲의 급부가 더 크다는 이유로 乙의 불공정성 주장을 부정하면 잘못

그러나 乙이 甲과 합의하지 않았으면 丙에게 거액의 위약금 부담해야 하기에 이를 피하기 위해 甲과 합의에서 甲의 급부에 비해 객관적으로 과도한 반대급부를 부담한 것 → 이러한 결과는 乙이 丙에게 甲과의 임대차계약에 반하여 임대차기간 중 甲을 퇴거시키겠다며 거액의 위약금을 합의함으로써 비롯된 것 → 乙이 丙과의 매매계약으로 자신이 얻을 경제적 이익 고려하여 甲과 임대차계약에서 발생할 자신의 법적·경제적 위험 예측하면서도 이를 기꺼이 감수하고 매매계약을 체결한 결과 甲과의 관계에서 다소 곤궁한 상태에 빠졌더라도, 이처럼 자초한 상태를 104조의 궁박이라고 쉽사리 인정할 수는 ×

« 의사표시 »

13. 대법원 2023. 04. 27. 선고 2017다227264 판결

[判例2023] 상대방이 표의자의 착오를 알고 이용한 경우에는 착오가 중대한 과실로 인한 것이더라도 표의자는 취소 ○ ∵ 109조 1항 단서는 표의자의 상대방 이익 보호 위한 것

正辯 : 2013다49794 판결은 M증권의 직원이 개장 전 매수주문 입력하며 가격란 0.80원에 '.'을 찍지 않아 80원을 입력했으나 여러 정황상 착오 충분히 아는 Y증권이 이를 이용하여 다른 매도자들보다 먼저 매매계약 체결하여 차액 얻을 목적으로 단시간에 여러 차례 매도주문 낸 경우에 M증권은 착오 취소 ○ / 2017다227264 판결은 한국거래소가 설치한 파생상품시장에서 이뤄지는 파생상품거래 관련하여 단순히 표의자가 제출한 호가가 당시 시장가격 비춰 이례적이라는 사정만으로 상대방 투자중개업자 등이 그 착오를 알고 이용했다고 단정할 수는 ×, 착오 취소 ×

14. 대법원 2024. 08. 01. 선고 2024다206760 판결 ★

[判例2024] 어떠한 인식이 장래 있을 사항에 대한 단순한 예측·기대에 머무는 것 아니라 그 **예측·기대의 근거가 되는 현재 사정에 대한 인식을 포함**하고 있고 그 인식이 실제의 사실과 일치하지 않는다면 **착오** O

특정 목적을 위한 기부·후원 내용으로 하는 증여계약에서 그 목적이 계약 내용의 중요 부분에 관한 것인지는 재산권 무상 이전뿐 아니라 그 이전의 목적이 중요한 특수성 염두에 두면서 여러 사정 종합적 고려하여 판단해야

正辯 : 일본군 위안부 피해자 위한 양로·사회복지시설 운영 법인에게 할머니들 생활·복지·증언활동 위한 일반후원 납입 계좌로 후원금 송금해온 자가 후원금이 대부분 법인에 유보되어 있고 위안부 피해자들을 위해 제대로 사용되지 않는다는 폭로와 언론 보도 잇따르자 법인을 상대로 후원금 반환 구한 사안 → 쌍방 공유한 후원 목적이 후원계약 체결하게 된 불가결한 기초사정으로서 후원계약의 목적이 계약 내용의 중요부분 O, 후원금이 위안부 피해자 관련 활동에 사용되어 왔거나 현재도 사용되고 있고 앞으로도 그러하리란 인식은 단순한 예측·기대를 넘어 그 근거되는 현재 사정에 대한 인식 포함 O, 법인이 표시하고 후원자가 인식했던 후원계약의 목적과 후원금의 실제 사용 현황 사이에 착오로 평가할 불일치 존재 O → 원심 파기, 착오 취소 O

대리

15. 대법원 2024. 01. 04. 선고 2023다225580 판결 ★

[判例2024] 대리는 행위자 아닌 자에게 법률행위 효력 귀속시키는 제도, 의사표시를 요소로 하는 법률행위에서 인정됨이 원칙, '의사·관념의 통지' 같은 준법률행위에도 대리 규정이 유추적용 O → '대리인'은 본인에게 효력 발생할 의사표시 내용을 스스로 결정하여 상대방과 관계에서 자신 이름으로 법률행위, '사자'는 본인이 완성해 둔 의사표시의 단순한 전달자 → 법률행위 체결·성립 여부 최종 결정권한이 본인에게 유보된 사정은 대리와 사자 구별의 결정적 기준 X ∵ 대리인도 본인의 지시에 따라 행위(116조 2항) → 상대방의 합리적 시각을 중심으로 행위자가 지칭한 자격·지위·역할 표시 내용, 행위자의 구체적 역할, 행위자의 권한·재량 부여 여부 등을 종합적으로 고려하여 합리적 판단해야

16. 대법원 2025. 06. 05. 선고 2023다232526 판결 ★★

[判例2025] 126조 표현대리는 대리인이 본인 위하는 의사 명시적·묵시적으로 표시하거나 대

리의사 가지고 권한 외 행위할 경우 O / 사술 써서 대리행위 표시하지 않고 단지 본인 성명 모용하여 자기가 마치 본인인 것처럼 기망하여 본인 명의로 직접 법률행위 한 경우는, 모용자에게 본인 대리할 기본대리권 있고 상대방으로서는 모용자가 본인 자신으로서 본인의 권한 행사하는 것으로 믿은 데 정당한 사유가 있는 경우에 한하여 126조 표현대리 유추적용 O

正辯 : 여신전문금융업법 대출업 등 영위하는 갑 주식회사가 을 주식회사에 대출모집업무를 위탁 → 을 회사의 운영자 또는 업무담당자 병 등이 다른 대출로 정의 인감증명서 등 소지함을 기화로 정 명의 대출신청서 및 대출계약서 등을 위조하고 갑 회사에 제출하여 대출계약이 체결 → 갑 회사가 정을 상대로 대출계약에 126조 표현대리책임 있다며 대출원리금 지급청구 → 금융회사인 갑 회사는 본인이 해야 할 대출업무 중 핵심적 부분인 대출신청서·대출계약서 등의 신청인 자필서명 확인, 대출구비서류 확인, 임대차조사 등 업무를 위탁계약을 통해 대출모집인 을 회사에 위탁, 위 사항을 직접 조사·확인할 기회를 스스로 제약하는 거래 구조 선택, 대출모집인 관리·감독의무 부담하고 일반인보다 고도의 주의의무 있는 점 → 정당한 이유 ✕ (갑 회사가 대출 실행 직전에 병 등이 소지하던 정 명의 휴대전화로 연락하여 대출신청의사 등을 확인했으나 과실 부정할 수 없음)

무효

17. 대법원 2023. 02. 02. 선고 2019다232277 판결

[判例2023] 137조 **단서**의 당사자 의사는 일부 무효임을 법률행위 당시 알았다면 의욕하였을 **가정적 효과의사** → 여러 개 계약 체결된 경우 전부가 경제적·사실적 일체로서 하나의 계약인 것과 같은 관계인 경우도 적용 O

18. 대법원 2024. 07. 11. 선고 2024다211762 판결 ★

[判例2024] 법률행위가 분할 불가능하거나 무효인 일부분을 제외한 나머지 목적물이 특정될 수 없다면 137조 적용 여지 ✕ ∵ 137조는 일체로서 행하여진 법률행위의 무효인 일부분이 없더라도 나머지 부분이 독립된 법률행위 유효 존속 가능한 경우에 적용되므로

正辯 : 137조 단서 요건 중 '분할가능성' 요건 흠결

19. 대법원 2024. 10. 31. 선고 2024다255328 판결 ★★

[判例2024] 토지거래허가구역 내 토지에 **허가 배제·잠탈**하는 내용 매매계약 체결하면 계약 체결된 때부터 **확정적 무효** → 그 후 **허가구역지정 해제**되거나 **지정기간 만료**되어도 **여전히 확정적 무효**

다만 허가구역지정 해제되고, 당사자들이 기존 매매계약 **무효임을 알면서 추인**했다면 139조 단서로 매매계약은 **추인한 때로부터 새로운 법률행위로서 유효**하게 됨 ○

« 조건과 기한 »

20. 대법원 2023. 04. 13. 선고 2021다305338 판결 ★

[判例2023] 기한의 이익은 포기할 수 있으나, 상대방 이익 해하지 못하고(**153조 2항**), 변제기 전이라도 변제할 수 있으나 상대방 손해는 배상해야(**468조**), 변제는 제3자도 할 수 있으나(**469조 1항**), 그 경우도 급부행위는 채무내용에 좇은 것이어야(**460조**)

이자부 금전소비대차는 채권자와 채무자 모두 기한의 이익 ○ → 채무자가 기한 이익 포기하고 **변제기 전에 변제하면 변제기까지의 약정이자 등 채권자 손해 배상해야** → 이러한 손해액 **함께 제공하지 않으면** 채무 내용에 따른 **변제제공 ×, 채권자는 수령거절** ○

다만 기한의 이익·포기에 관한 153조 2항, 변제기 전의 변제에 관한 468조 규정은 **임의규정**으로서 당사자가 그와 **다른 약정** ○

« 소멸시효 »

21. 대법원 2023. 02. 02. 선고 2022다276307 판결 ★★

[判例2023] 166조 1항 소멸시효가 진행하지 않은 **'권리 행사할 수 없음'**은 **법률상 장애사유(기한미도래, 조건불성취 등), 사실상 권리 존부·행사가능성 모르거나 무과실은 법률상 장애 ×**

正辯 : 소송위임계약의 성공보수는 지급 시기의 특약이 없는 한 소송사무 종료 시인 해당 심급 판결 송달받은 때부터 소멸시효 진행 ∵ 686조 2항(위임사무 완료해야 보수 청구), 심급대리 원칙

22. 대법원 2023. 11. 09.자 2023마6582 결정 ★

[判例2023] 시효중단 사유로서 재판상 청구에는 대상 권리 자체의 이행·확인 청구뿐 아니라 그 권리가 발생한 기본적 법률관계를 기초로 재판 형식으로 주장하는 경우, 그 권리를 기초로 또는 포함하여 형성된 후속 법률관계에 관한 청구를 하는 경우도 그로써 권리 실행 의사를 표명한 것으로 볼 수 있다면 포함 O

正辯 : 채권자의 '채무자 회생 및 파산에 관한 법률'에 따른 채무자에 대한 파산신청은 파산채권신고 등에 의한 파산절차참가와 유사하여 민법 168조 1호의 시효중단 사유인 '청구' O

23. 대법원 2023. 12. 14. 선고 2023다248903 판결

[判例2023] 국가배상청구권은 국가재정법상 소멸시효 기간 5년, 소멸시효기간은 변론주의 적용되지 않아 법원 직권 판단 가능, 소멸시효는 법률상 장애 없으면 진행하고 권리행사 가능성을 무과실로 몰라도 진행 O

正辯 : 세월호 사고로 고등학생 A는 14. 4. 16. 사망, 목포해양경찰서 공무원 C는 업무상과실치사죄 15. 11. 27. 유죄 확정, A의 부친과 00. 8. 1. 협의이혼 한 모친 B는 친권 행사 ×, B는 21. 1. 25. 세월호특조위로부터 연락받고 A의 사망 사실 알게 된 후 21. 3. 31. 국가배상법 손해배상 구하는 소 제기 → 원심은 B의 고유 위자료채권이 C의 유죄 확정일 15. 11. 27.로부터 3년 경과했다는 국가의 소멸시효 주장에 대해 21. 1. 25. 손해 및 가해자 알았다며 배척했으나, 대법원은 소멸시효 기간은 5년이지만 〈고유 위자료채권〉의 기산점은 늦어도 C의 유죄확정일 15. 11. 27.(법률상 장애는 없음)부터 기산해야 하므로 소멸시효 완성했을 가능성이 크고, 다만 B가 상속한 〈상속채권〉(A의 일실수입 및 위자료채권)은 181조에 따라 상속인 확정 시로부터 6월 내에 소멸시효 완성하지 않는 시효정지로 인하여, B가 A의 사망사실을 알게 되어 상속 효과가 확정된 21. 1. 25.로부터 6월 경과 전인 21. 3. 31. 소 제기로 소멸시효 완성하지 않았다고 판시함

24. 대법원 2023. 12. 14. 선고 2022다210093 판결 ★★★

[判例2023] **채권가압류 당시 피압류채권 부존재**했어도 권리행사 O, 가압류집행으로써 **집행채권 소멸시효 중단** O → 단, 가압류결정 **제3채무자 송달 시** 피압류채권 부존재라면 가압류 집행보전 효력 ×, 가압류결정 송달로써 개시된 집행절차 곧바로 종료 O, 시효중단사유 종료 O → 집행채권의 **소멸시효는 가압류 송달 시부터 새로 진행** O

正辯 : 위 판결은 가압류 송달 '전'에 이미 피압류채권 소멸한 경우에도 시효중단 효력 인정하면서 그 송달과 동시에 재진행으로 본 것임

한편 위 판결은 장래 계좌에 입금될 예금채권도 기초관계 있어 특정 가능하고 가까운 장래 발생이 상당한 정도 기대되는 예금계좌 개설되어 있다면 가압류 가능하나, 가압류 송달 시 예금계좌가 개설되어 있지 않으면 기초관계도 없어 가압류 집행보전 효력 없는 사안이있고, 그럼에도 시효 중단되었으나 가압류 송달 후 상사시효 5년 경과하여 시효소멸한 사안

25. 대법원 2024. 05. 30. 선고 2021다301688 판결 ★★

[判例2024] 채권을 압류할 당시 피압류채권이 이미 소멸하는 등 부존재하는 경우에도 특별한 사정이 없는 한 압류집행을 함으로써 **집행채권의 소멸시효는 중단** ○(가압류에 관한 2022다210093 판결) → 체납처분 채권압류도 마찬가지

26. 대법원 2023. 12. 21. 선고 2018다303653 판결

[判例2023] 소멸시효 주장이 권리남용인 '객관적 사실상 장애사유' 있었어도 대법원이 권리행사 가능하다는 법률적 판단 내리면 장애사유 해소된 것

正辯 : 일제강점기 미쓰비시 강제동원 피해자가 미쓰비시중공업을 상대로 위자료 지급을 구한 사건에서, 우리 대법원이 2012. 5. 24. 선고한 2009다68620 등 판결에서 일본기업에 대한 불법행위를 이유로 한 손해배상청구권이 대한민국·일본국 사이 '청구권협정'의 적용 대상에 포함되지 않아 현재 존재한다고 판단했으나, 여전히 국내외 논란 계속되고 의구심 있었고, 대법원이 2018. 10. 30. 선고한 2013다61381 전원합의체 판결에서 법적 견해를 최종적으로 명확하게 밝힘으로써 강제동원 피해자들의 사법적 구제가능성이 확실하게 되었으므로, 위 전원합의체 판결이 선고될 때까지는 객관적으로 권리를 사실상 행사할 수 없는 장애사유 있었던 것

27. 대법원 2023. 12. 21. 선고 2023므11819 판결 ★★

[判例2023] 협의상·재판상 **이혼 재산분할청구권의 2년의 제척기간**은 **출소기간**으로서 재판 외 권리행사로 ✕, 그 기간 내 재산분할심판청구 해야 → 그 재판에서 특정한 증거신청을 했는지 여부는 제척기간 준수와 무관

28. 대법원 2024. 06. 27. 선고 2023다302920 판결 ★★

[判例2024] 매매계약 무효 원인 매매대금 상당 부당이득반환청구권은 특별한 사정 없는 한 매매대금 지급한 때 성립과 동시에 권리행사 가능, **매매대금 지급한 때부터 소멸시효 진행** ○ ∵ 166조 1항은 **객관적** 행사 가능한 때부터 진행 ○, '권리 행사할 수 없다'는 것은 **법률상 장애사유**(기간 미도래, 조건 불성취), 사실상 권리 존부나 권리행사 가능성 알지 못했거나 과실 없어도 법률상 장애사유 아니므로 진행 ○

29. 대법원 2024. 10. 25. 선고 2024다233212 판결 ★★★

[判例2024] 채권자가 **가분채권의 '일부'를 피보전권리인 청구채권으로** 채무자 소유 재산에 **가압류**하면 **청구채권 부분만 시효중단 효력 ○, 나머지 채권에 중단효 ×** → 가압류 청구금액으로 채권의 **'원금'만 기재**되어 있다면 가압류채권자가 채무자에 대해 원본채권 외에 부대채권(이자, 지연손해금) 가지고 있더라도 청구금액에 포함되지 않은 **부대채권에 시효중단 효력 ×**

✓30. 대법원 2025. 05. 15. 선고 2024다310980 판결 ★★★

[判例2025] 압류명령 송달 이후 채무자 계좌에 입금될 예금채권도 **발생 기초 법률관계 존재**하여 현재 권리 **특정** 가능하고 **가까운 장래** 예금채권이 **발생할 상당성** 있는 **예금계좌 개설되어 있는 경우** 등에는 **압류 대상 ○**

그러나 **장래 예금채권에 대한 압류가 제3채무자에 송달되었을 때 예금계좌 개설되어 있지 않는 등 피압류채권 발생 기초 법률관계 없거나,** 예금계좌 **개설되어 있다더라도 가까운 장래 예금채권 발생할 상당성 없다면, 채권압류 무효**

가까운 장래 예금채권 발생할 상당성 여부는 채무자·제3채무자 사이 예금계약 내용, 예금계좌 잔액 및 입출금 내역 등 예금계약으로 이뤄진 거래실태, 예금계좌의 사용 목적·용도, 일반인 인식 정도 등 여러 사정 종합하여 객관적으로 판단

채권 압류할 당시 피압류채권 부존재하여도 집행채권에 대한 권리 행사 ○, 압류집행으로서 **집행채권 소멸시효 중단 ○** → 다만 압류명령 정본이 **제3채무자에게 송달될 당시 피압류채권 발생 기초 법률관계 없어 피압류채권 부존재하면 압류 무효**이므로, 특별한 사정 없는 한 **압류명령 송달로써 개시된 집행절차 바로 종료**, 이로써 **중단사유도 종료, 집행채권의 소멸시효는 그때부터 새로 진행 ○** → 가까운 장래에 **피압류채권 발생할 상당성 없어 장래 채권 압류가 무효인 경우도 마찬가지**

正辯 : 채권압류 및 추심명령 송달 당시에 A 은행에는 계좌 개설 상태(잔고는 0원), B 은행과 C 은행은 계좌 미개설 상태 → 현재 예치되어 있거나 장래 입금될 예금채권에 대하여 이뤄진 압류 모두 무효 → A 은행의 경우, 예금계좌 가지더라도 예금채권 부존재로 역시 압류 무효이며, 예금주 의사에 의한 입출금 내역이 수년째 없어 송달 당시 '수시로 입출금 이뤄져 가까운 장래 예금채권 발생할 것이 상당한 정도 기대되는 예금계좌'도 아니었음 → A, B, C 은행 모두 제3채무자 송달 시로부터 다시 소멸시효 새로 진행 ○ (원심은 A은행의 경우 송달 당시 잔고가 0원임에도 계좌 개설 상태이므로 압류 및 추심명령이 유효라면서 제3채무자 송달일부터 새로 시효 진행하는 것이 아니고 계속 중단 상태라고 본 잘못이 있음)

31. 대법원 2025. 05. 29. 선고 2024다294705 판결

[判例2025] 소멸시효 주장이 신의칙에 반하여 권리남용이면 불허 → 다만 실정법 개별 법제도 내용을 신의칙 같은 일반조항으로 배제·제한함은 법적 안정성 후퇴 우려, 특히 소멸시효 제도는 시간적 한계 설정하여 당사자 다툼 종식시키려는 것으로서 누구에게나 무차별적·객관적 적용되는 시간 경과가 1차적 의미 가지므로 법적 안정성이 더욱 중요, 신의칙 적용에 신중기해야

正辯 : 장례지도사들이 의전대행 위탁계약 합의해지 후 3년 지나 근로기준법상 퇴직금청구권을 행사한 사안에서 회사의 소멸시효 항변을 권리남용으로 불허한 원심을 파기한 사안

32. 대법원 2025. 7. 24. 선고 2023다240299 전원합의체 판결 ★★★

[判例2025] 시효완성 후 채무 승인한 경우에 **시효완성 사실 알고 이익 포기한 것으로 '추정' ✕**
∵ ① **경험칙** 뒷받침 없거나 어긋남, ② 소멸시효 중단사유 **채무승인**과 **시효이익 포기**는 서로 **구별**되는 개념, ③ 권리 포기 등 중대한 불이익 생기는 의사표시는 **엄격 해석** 판례들, ④ **소멸시효의 취지나 규정**(184조 제1, 2항)에 맞지 않게 **채무자 불리한 구조적 열위** 심화되고 대부·추심업체 악용

→ 기존 '추정' 법리 판례의 폐기·변경

正辯 : 위 판결은 채무자가 제4 차용금 약정이자 합계액 변제했다고 하여 그것만으로 당시 채무자가 제1, 2 차용금 이자채무의 시효완성 사실을 알면서도 그 법적 이익 받지 않겠다는 의사표시 했다고 추정할 수 없다고 판시하며 원심판결 파기(배당이의 사건이며, 전체 변제충당 범위 달라질 수 있고 정당한 배당금액을 다시 산정할 필요가 있어 시효이익 포기 판단 부분뿐 아니라 원고 패소 부분을 '전부' 파기하였음) → 채무자 일부 변제할 당시 그러한 시효완성 사실 알면서도 시효이익 포기하는 의사표시 했는지 여부를 구체적 심리해야(이는 일부 변제의 구체적 동기·경위·자발성, 일부 변제액과 소멸시효 완성 채무액 금액 차이, 일부 변제 당시 시효기간 도과한 정도, 일부 변제 당시·전후 언동, 당사자들 관계와 거래지식·경험 등 개별 사안 여러 사정 종합적 고려하여 객관적·합리적 판단해야)

【수험생 유의사항】

① 시험에서 중요한 '묵시적' 승인(일부변제·일부상계·이자지급·담보제공)뿐 아니라 '명시적' 승인의 경우도 '시효완성 후 승인'을 '시효이익 포기'로 추정할 수 없음.
② '추정' 법리가 폐기된 것이므로 '완성 후 승인'에 단순한 인식 표시를 넘어 이익 받지 않겠다는 효과의사, 즉 '완성 알면서 포기하는 의사표시'가 포함되어 있는 경우라면 '시효이익 포기'로 볼 수도 있음(다만 이례적이므로 채권자 증명책임).
③ '승인'과 '포기' 개념 자체도 개념적 구별되어 이제는 '완성 후 승인'이라고 해서 바로 '포기'로 볼 수 없게 된 것임.
④ 일본 최고재판소도 같은 방향 판례변경이 있었지만 '설령 완성 후 모르고 승인했더라도 그 후 소멸시효 주장하는 것은 신의칙 위반'이라고 설시하였고(취득시효와 법리가 같아짐), 그러나 우리 대법원은 이러한 표현 없이 소멸시효 완성 주장을 인정하는 것으로 보여 일본과 결론은 달라짐.

⑤ 최근 2022년 선고된 2020다46663 판결('완성 후의 승인'이 '완성 전 최고'로부터 6월 내라면 174조 유추적용으로 최고 시에 완전하게 시효 중단됨)과 위 판례는 전혀 무관함. 완성 후 효과의사 없는 명시적·묵시적 '승인'에 불과한 행위도 최고의 보완조치 될 수 있음.

【※ 제15회 변호사시험 수험생 유의사항】
7월 선고 판례이므로 규정상 제15회에는 출세되지 않는 것으로 봐야 하나, 해당 판례 법리의 성격상 "사례형 기록형 소멸시효 문제"를 푸는 과정에 변경된 판례 법리를 고려하지 않을 수 없으므로, 직접 기재하는 상황까지는 오지 않더라도, 법리는 반드시 숙지해 두어야 함.
가령 "시효완성 후의 일부 변제·상계나 담보제공"이 출제되면, 명확히 시효이익 포기의 효과의사가 보이는 문제가 아닌 이상, 이를 과거처럼 '시효이익 포기'로 생각하고 답안을 작성하면 안 됨. 다만 174조 적용 여부만 검토할 것. 제16회부터는 위 전원합의체 판결을 기재하며 '원칙적으로 시효이익 포기로 볼 수 없다'는 것을 쓰는 것이 가장 중요하겠지만, 제15회에서는 시험 범위 제외이므로 비워두는 방법밖에 없음(다만, 배점을 고려해볼 필요는 있음)

【기타 지문】 채무자가 시효완성 사실 알았는지 여부는 개별 사안별로 여러사정 종합적 고려할 문제이지 경험칙으로 일률적 추정 ×, 채무자가 시효완성 후 이를 알면서 시효이익 포기함은 이례적, 채무승인은 시효완성 전 채무자가 시효완성으로 채권 상실할 자에게 상대방 권리 또는 자기 채무 있음을 알고 있다는 뜻 표시함으로써 성립하는 관념의 통지, 시효이익 포기는 시효완성 후 채무자가 시효완성 알면서 이로 인한 법적 이익 받지 않겠다는 효과의사 표시함으로써 성립하는 의사표시(효과의사가 핵심적 차이)

Part 4
물권법

04

« 물권의 소멸, 소유권 서론 기타 »

01. 대법원 2019. 01. 24. 선고 2016다264556 전원합의체판결 ★
대법원 2022. 07. 14. 선고 2022다228544 판결 ★
대법원 2024. 02. 15. 선고 2023다295442 판결 ★

[大判全合2019 · 2024] 토지소유자 스스로 토지를 **일반공중** 용도로 제공한 경우 소유자의 독점적·배타적 사용·수익권 행사 제한되는 법리(무상 통행권한 부여 등)는 대법원 판례 확립되어 여전히 타당 → **배타적 사용·수익권 포기**라면 타인의 점유·사용에 인도청구 ✕, 부당이득반환청구 ✕ ∵ 손해 없으므로

다만 토지소유자는 일반공중 통행 등 이용 방해하지 않는 범위 내에서 토지 처분·사용·수익 권능 O ∵ 사용·수익 권능 대세적·영구적 포기는 물권법정주의 위반

사망 전 배타적 사용·수익권 포기한 토지소유자의 **'상속인'**도 제한 승계 O, 경매나 매매 등 **'특정승계인'**도 특별한 사정이 없는 한 제한 승계 O ∵ 사용·수익 제한 부담 용인하거나 알고서 소유권 취득했으므로

배타적 사용 제한은 토지소유자가 공공 목적 위해 토지를 제공할 당시의 객관적 토지이용현황 유지되는 한도 내에서만 존속 → 그 후 토지이용상태 **중대한 변화** 생기는 등으로 배타적 사용·수익 제한하는 객관적 기초사정 현저히 변경, 소유자 제공 당시 이러한 변화 예견 불능, 계속 제한하면 당사자 이해에 중대한 불균형 초래 → 사정변경 있은 때부터 토지소유자는 다시 사용·수익 권능 포함 완전한 소유권 기한 권리 주장 O

正辯 : 2023다295442 판결은 甲이 사정받은 토지가 분할됨과 동시에 분할된 일부 토지의 지목이 '도로'로 변경되어 도로로 사용되다가 乙이 위 토지를 매수한 후 거제시를 상대로 거제시가 위 토지를 도로부지로 사용했다며 부당이득반환청구 → 관할관청에 의해 직권 분할되어 도로로 개설되었을 가능성 있는 점, 甲과 상속인들이 보상받은 자료가 제출되지 않은 점, 도로 사용에 대해 소유자가 적극적 이의 없고 기간 길다는 이유만으로 무상사용을 사전동의·사후용인 했다고 볼 수 없는 점, 乙은 소멸시효 완성되지 않은 과거 5년 및 장래의 부당이득반환만 구할 뿐 인도청구 등 일반공중의 도로 통행에 관한 신뢰·편익에 직접적 영향 줄 만한 청구는 하고 있지 않은 점 등을 종합하여, 乙의 부당이득반환청구 O

02. 대법원 2023. 03. 13. 선고 2022다293999 판결 ★

[判例2023] 甲이 취득한 빌딩과 乙 등이 구분소유하는 빌딩 사이 乙 등 빌딩 출입자와 인근 주민들 통행로로 사용하는 부지 있고, 그 대부분이 甲의 빌딩 부지에 포함 → 甲이 乙 등 상대로 통행로 중 甲 소유 부분 통행금지청구는 **권리남용**으로 불허

단지 통행지를 통행함에 그치고 통행지 소유자의 점유를 배제할 정도의 배타적인 점유를 하

지 않았다면, 소유자가 통행지를 본래 목적대로 사용·수익 못한 손해액인 임료 상당액 전부가 통행지 소유자의 손해액은 ✕ → 구체적 사안에서 사회통념에 따라 제반 사정을 고려하여 감경 ○

正辯 : 위 판결은 그 논거로, 乙 등의 빌딩 사용승인 전부터 인근주민 비롯한 불특정 다수 해당 부분 통행에 제한 없었고, 甲의 빌딩 부지의 전 소유자는 乙 등의 빌딩 건축 당시 해당 부분 무상사용과 불특정 다수인 통행 수인, 甲은 이러한 이용상황 및 소유권 제약 상태 알고 빌딩 및 부지 취득, 乙 등이 일상생활 필요 범위 내 다른 사람들과 같은 방법으로 해당 부분 통행할 것임을 충분히 예상, 통행 금지하면 乙 등의 빌딩의 출입구 특성상 출입 상당한 제약으로 큰 불편·혼란 예상되는 점을 들었고, 특히 甲이 해당 부분 소유권에 기초하여 이용자들 중 객관적 용도상 편익이 가장 필요한 乙 등에게만 선별적·자의적으로 통행 금지함은 실질적 이익 없이 단지 상대방의 통행 자유 침해라는 고통과 손해만 가하는 권리남용으로 불허된다고 판시함

03. 대법원 2021. 03. 11. 선고 2020다229239 판결 ★
대법원 2023. 09. 14. 선고 2023다214108 판결 ★

[判例2021 · 2023] 토지가 개설 경위 불문하고 '공로'가 되면 부지 소유자는 재산권의 사회적 제약 수인해야 → 공로 부지 소유자가 이를 점유·관리하는 지자체를 상대로 공로로 제공된 **도로철거·점유이전·통행금지** 청구 ✕, 권리남용 ○, 도로 지하 **매설 시설 철거청구**도 **권리남용** ○

正辯 : 2020다229239 판결은 甲 지자체가 乙 사찰 출입의 유일한 통행로로서 승려·신도·탐방객·인근주민들이 이용하던 도로를 농어촌도로정비법상 농어촌도로 지정하고 30년 이상 관리했는데 위 도로 포함 임야의 경락인 丙이 甲 지자체를 상대로 도로철거 및 인도를 청구한 경우, 이러한 이용상황을 알면서 경락받은 丙의 청구를 권리남용으로 본 사안임.
2023다214108 판결은 甲이 소유권 취득한 임야 중 도로 부분이 그전부터 인근주민들 등 불특정 다수 통행로로 사용되어 왔고, 그 후 乙 지자체가 위 도로에 하수관·오수맨홀을 매설, 도로 일부는 콘크리트 포장되어 있는데, 甲이 乙 지자체를 상대로 하수관·오수맨홀·콘크리트포장 철거 및 도로부분 인도를 구한 사안에서, 甲은 통행로 이용 사실 알 수 있음에도 소제기 전 이의 제기한 적 없는 점, 도로 부분은 일반공중도 이용하고 하수관 등은 인근주민 대다수 이용하는 공공시설로서 이를 철거하면 교통지장 등 큰 불편·혼란으로 공익에 현저히 반하는 점, 도로 부분이 임야 가장자리로서 임야 전체 면적의 약 3%로서 甲이 이를 다른 용도로 사용할 긴급한 필요성·계획은 보이지 않는 점 등을 고려하여, 권리남용 해당 여지 있다고 판시한 사안임.

04. 대법원 2023. 09. 14. 선고 2016다12823 판결 ★
대법원 2023. 10. 18. 선고 2019다266386 판결 ★

[判例2023] 집합건물 구분소유자들이 대지 중 일부 지분만 가지고 구분소유자 아닌 대지공유자가 나머지 지분 가진 경우, 구분소유자 아닌 대지공유자는 공유지분권에 기초하여 구분소유자 중 자기 전유부분 면적 비율 상응한 대지 공유지분('적정 대지지분') 가진 구분소유자를 상대로 대지 사용·수익 부당이득반환청구 ✕ → 적정보다 부족한 대지 공유지분('과소 대지지분') 가진 구분소유자는 특별한 사정이 없는 한 구분소유자 아닌 대지공유자에 대해 적정 지분에서 부족한 지분 비율에 해당하는 차임 상당 부당이득반환의무 부담 ○ → 적정·과소 여부나 범위는 구분소유권별로 판단해야, 복수의 구분소유권 보유하는 자도 마찬가지(구분소유권에 관한 전체 대지지분 기준으로 판단하면 ✕)

正辯 : 예외적인 특별한 사정으로 적정 대지지분에 매우 근소하게 부족하여 부당이득반환청구가 신의칙에 반할 경우, 현재의 사실상태가 장기간 묵인되어 온 경우 등이 있음

05. 대법원 2024. 11. 14. 선고 2024다251470 판결 ★

[判例2024] **점유의 개념**을 고려할 때, 다른 사람 소유 토지를 통행하더라도 통행지 소유자의 점유를 배제할 정도의 배타적 점유를 하고 있지 않다면 **통행지 소유자가 통행자에 대해 통로 부분의 인도 구할 수 ✕**

토지소유자가 소유 토지를 일반 공중 통행로로 무상 제공하거나 용인하는 등으로 자신 의사 부합하는 토지이용상태 형성되어 독점적·배타적 사용·수익권 행사 제한되는 것은 금반언·신뢰보호 등 신의칙상 기존 이용상태 유지되는 한 토지소유자가 수인해야 함에 따른 결과일 뿐 그로써 소유권의 본질적 내용인 사용·수익권 자체를 대세적·확정적 상실하지는 ✕ → 이 경우도 일정 요건 갖추면 신의칙 파생되는 사정변경 원칙에 따라 소유자가 다시 독점적·배타적 사용·수익권 행사 ○

독점적·배타적 사용·수익권의 제한은 예외적 법리이므로 헌법 23조 3항(공공필요 의한 재산권 수용·사용·제한의 정당한 보상) 및 법치행정 취지에 비추어 신중하고 엄격하게 적용되어야, 제한 주장하는 자가 요건 충족 증명책임

正辯 : 甲 소유 토지가 분할된 후 분할 전 토지의 중간에 위치한 좁고 긴 형상의 토지 일부가 공로에 접한 도로로 사용되고 있었고, 분할 전 토지의 일부는 제3자에게 소유권이 이전되었다가 乙이 甲의 재산을 상속 취득한 후 건물 신축되어 위 토지 부분은 현재까지 건물 주차장과 공로 사이를 이동하는 통행로로 사용되고 있는데, 乙이 건물 구분소유자 丙 등을 상대로 토지 인도 및 부당이득 반환 구한 사안 → '건물의 부지'란 건물 세우기 위해 마련한 땅으로서 건물 존립에 필요한 범위 내 토지, 위 토지 부분을 도로로 이용하지 않고서는 건물의 차량이 공로로 나갈 수 없다는 등의 사정만으로는 위 토지 부분이 건물의 '부지'는 아님, 丙 등이 위 토지 부분에 대해 타인 간섭 배제할 정도의 배타적 점유 하고 있는지 심리하지 않고 점유 인정한 원심은 위법, 甲이 위 토지 부분에 대한 독점적·배타적 사용·수익권 행사 제한된 상태는 상속인 乙에게도 계속 유지되었다고 볼 여지 큼

06. 대법원 2024. 11. 14. 선고 2023다311160 판결 ★

[判例2024] 주위토지통행권 있음을 주장하여 확인 구하는 특정 통로 부분이 219조 요건 충족 안 될 경우는 다른 토지 부분에 주위토지통행권 인정되더라도 원칙적으로 청구 기각해야 → 그러나 통행권 확인 구하는 **특정 통로 부분 중 일부가 219조 요건 충족** 인정되면 일부만 확인 구할 의사 없음이 명백한 경우 아닌 한 청구를 전부 기각하지 말고 **그 부분 한정 인용** 해야

正辯 : 주위토지통행권은 법정 요건을 충족하면 당연히 성립, 주위토지통행권 확인판결은 사실심 변론종결 시 기준으로 이미 발생한 주위토지통행권의 인정 토지 범위 확정하는 것일 뿐 판결 효력으로 주위토지통행권이 비로소 형성되는 것은 아닌 점도 판시하였음

등기제도

07. 대법원 2023. 04. 27. 선고 2021다276225 판결

[判例2023] 등기는 **부동산등기법 23조 1항**에 따라 법률에 다른 규정 없는 한 **등기권리자와 등기의무자 공동신청** → 4항에 따라 **등기절차의 이행·인수 명한 판결에 의한 등기**는 **승소한 등기권리자·등기의무자가 단독신청** → '등기절차 이행 명한 판결'은 주문에 반드시 등기절차를 이행하라는 등기의무자의 등기신청 의사를 진술하는 내용 등이 포함되어야(**대법원 등기예규** 제1692호 **판결 등 집행권원에 의한 등기의 신청**에 관한 업무처리지침 2. 참조).

08. 대법원 2023. 07. 13. 선고 2023다223591 판결 ★★

[判例2023] 부동산에 소유권이전등기 마쳐지면 등기명의자는 그 전 소유자는 물론 제3자에 대하여도 적법 등기원인으로 소유권 취득 추정 O, 다투는 측에서 무효사유 주장·증명해야 → 등기명의자가 등기부 기재와 다른 원인 주장했고 그 사실이 인정되지 않더라도 그 자체로 등기 추정력 깨지지 ✕, 원인무효 주장자가 증명책임

토지에 **점유취득시효 완성으로 소유권이전등기** 마쳐진 경우, **제3자가** 등기명의자의 취득시효 기간 중 **일부 기간 동안 해당 토지 일부를 직접적·현실적 점유한 사실**이 있다는 사정만으로 **등기 추정력 깨지지 ✕**

09. 대법원 2024. 10. 31. 선고 2024다232523 판결 ★★

[判例2024] 소유권이전등기절차 이행 명하는 판결은 등기신청 의사 진술 명하는 것, 판결 확정되면 확정 시에 채무자 의사표시 있는 것으로 간주(집행법 263조 1항) → 의사 명하는 집행이 채권자 반대의무와 동시이행관계 있는 때처럼 반대의무 이행된 뒤에 의사 진술할 것인 경우는 집행문을 내어준 때 효력 발생(동조 2항).

'등기 실체관계 부합'은 **등기절차에 하자** 있더라도 **진실한 권리관계 합치**하는 것, 즉 소유권이전에서 등기이전절차만 위법하고 다른 법률행위는 적법·유효 상태로 소유권이전등기청구권 가지는 경우, 원인 없이 마친 무효 소유권이전등기이더라도 다른 사정으로 등기가 실체관계 부합하게 되면 유효한 것으로 됨

소멸시효기간 만료되면 시효중단 등 특별한 사정 없는 한 **권리는 당연 소멸**하나, 시효이익 받는 자가 소송에서 소멸시효 주장하지 않으면 의사에 반하여 재판 ✕

소멸시효 완성으로 소유권이전등기청구권 소멸한 상태에서 소유권이전등기 이뤄졌고 시효이익 받는 자가 소송에서 **소멸시효 주장까지 했다면**, 그 **소유권이전등기는 원인무효 등기**로서 말소되어야

正辯 : 甲 소유 X토지에 관하여 乙이 甲을 상대로 매매 원인 소유권이전등기 구하는 소 제기하여 '甲은 乙로부터 6억 원을 지급받음과 동시에 2009. 12. 2. 매매를 원인으로 한 소이등절차를 이행하라.'는 판결이 선고되고 2010. 12. 8. 확정 → 乙은 2021. 4. 8. 甲을 피공탁자로 매매대금 6억 원을 공탁하고, 2021. 4. 12. X토지에 관하여 2009. 12. 2. 매매를 원인으로 소유권이전등기를 마쳤음 → 甲은 乙을 상대로 乙의 소이등청구권은 소멸시효가 완성되었으므로 원인무효인 소유권이전등기의 말소를 구하는 소를 제기 → 원심은 확정판결 따른 소이등청구권이 시효소멸했더라도 매매계약 성립했고 소이등 마친 이상 실체관계 부합한다고 하였다가 파기됨
私見으로, 2021년 이후라 하더라도 '시효이익 포기'가 인정된다면 실체관계 부합했을 것임

10. 대법원 2025. 04. 24. 선고 2024다248290 판결 ★★★

[判例2025] 소유권이전등기청구권을 매수인으로부터 양도받은 양수인이 소유권이전청구권 **가등기 이전 부기등기** 마치고 가등기에 기한 **본등기**도 마쳤으나 **소유자 겸 매도인이 양도에 동의·승낙 ✕** → 양수인은 매도인에 대해 **소유권이전등기청구 ✕**, **가등기 이전 부기등기 및 본등기**는 부합하는 실체관계 없어 **원인무효**

∵ **매매 소이등청구권은 성질상 양도 제한**(449조 1항), **양도에 동의·승낙이 없다면 채권양도 무효**로서 양수인과 매도인 사이 아무런 법률관계 없음, **실체관계 부합은** 등기절차 하자 있어도 **진실한 권리관계 합치해야(소유권이전등기는 소유권이전등기청구권 있어야)**

正辯 : A가 부동산을 B에게 매도하고 가등기 마쳐주었는데, B가 A에 대한 매매 소이등청구권을 C에게 양도, C는 가등기 이전 부기등기 및 본등기 마침 → A는 '매매 소이등청구권 양도'에 자신의 동의·승낙 없었음 이유로 C를 피고로 C 명의 '부기등기' 및 '본등기' 말소청구 ○

권리 '이전' 자체가 무효라면 '이전 부기등기'도 예외적으로 말소 구할 수 있다는 기존 판례 법리 재확인되었으며(私見), 주등기 말소 구하지 않도록 유의할 것
한편 미등기 매수인이 법률상 처분할 권리가 있다는 점과 구별할 것

« 물권적 청구권 »

11. 대법원 2024. 12. 24. 선고 2020다275744 판결 ★★

[判例2024] 203조는 **정당한 법률관계 없는 물건 점유자**와 **회복자** 사이에서 점유물 반환할 경우 점유자가 지출한 필요비·유익비 상환청구 범위·시기 정한 **'특별규정'** → 소유자가 점유권원 없는 점유자를 상대로 213조 물권적 청구권 행사하여 **물건 반환 구할 수 있는 경우, 점유자는 소유자를 상대로 741조 의한 비용 반환청구 ×, 203조에 따라 '점유물 반환할 때' 비로소 비용상환청구권 행사**

« 점유권 »

12. 대법원 2019. 08. 14. 선고 2019다205329 판결 ★★★
대법원 2023. 08. 18. 선고 2021다249810 판결 ★★★

[判例2023] 점유매개관계 이루는 **임대차계약 종료 이후에도 직접점유자가 목적물을 점유**한 채 반환하지 않고 있다면 **간접점유자의 점유매개관계 존속** ∵ 간접점유자의 반환청구권 소멸하지 않았음 → **간접점유자 임대인의 유치권 ○**

正辯 : 원고(경락인)가 피고(임차인)을 상대로 인도를 구한 것에 대해 피고가 보조참가인(임대인, 간접점유자)의 유치권에 기초하여 인도를 거절한 항변을 인정한 사안

13. 대법원 2023. 08. 18. 선고 2022다269675 판결 ★★★

[判例2023] 상대방으로부터 위법하게 점유를 침탈당한 점유자가 상대방에게서 점유를 탈환

한 경우(이른바 '**점유의 상호침탈**'), 209조의 자력구제에 해당하지 않더라도 **상대방은 점유침탈을 이유로 점유자를 상대로 204조 1항 점유회수청구** ✕ ∵ 청구가 받아들여져도 점유자가 상대방의 점유침탈 이유로 점유회수청구권 행사하면 다시 점유 회복되어 인정하는 것이 **무용**

正辯 : 점유의 상호침탈 상황에서, 먼저 침탈하였다가 침탈을 당한 상대방이 최초 점유자를 상대로 점유회수를 구할 수 있는지에 관하여, 1957년에 긍정설에 가까운 판시가 있었으나, 대법원은 최근 최초로 판시하면서 명백히 부정설을 취하였음

14. 대법원 2024. 11. 14. 선고 2024다251470 판결 ★

[判例2024] 점유는 사회 통념상 그 사람의 사실적 지배에 속한다고 보이는 객관적 관계 → 사실적 지배는 물리적·현실적 지배 국한되지 않고 시간적·공간적 관계와 본권 관계, 타인지배배제가능성 등 고려하여 사회관념에 따라 합목적적 판단해야 → 적어도 타인 간섭 배제하는 면 있어야

正辯 : 다른 사람 소유의 토지를 통행하더라도 그 통로에 대해 통행지 소유자의 점유를 배제할 정도의 배타적 점유를 하고 있지 않다면 소유자가 통행자에 대해 통로 부분 인도청구 ✕

« 취득시효 »

15. 대법원 2023. 06. 29. 선고 2020다290767 판결

[判例2023] 197조 **자주·평온·공연 점유 추정**은 **국가나 지방자치단체**가 점유할 경우에도 마찬가지로 적용(대법원 2010. 8. 19. 선고 2010다33866 판결 외 다수)

16. 대법원 2024. 04. 4. 선고 2023다304650 판결 ★★

[判例2024] 자기 소유 부동산 점유는 취득시효의 기초인 점유 ✕ → 소유권 변동이 있는 경우 비로소 취득시효 기초인 점유 개시 ○ → 취득시효의 기산점은 소유권 변동일, 즉 타인의 명의 소유권이전등기 경료일(96다55860)

경매절차에서 부동산 매수하려는 자가 타인 명의로 매각허가결정 받아 자기 부담으로 대금완납 → 대금부담 불문 명의인 소유권 취득 ○(2006다73102)

계약명의신탁에서 **신탁자**는 특별한 사정 없는 한 **매도인의 선악의 불문**하고 **타주점유**로서 자

주점유 추정 ✕, **취득시효** ✕ ∵ 신탁자는 소유권 가질 수 없고 **매매당사자 아니라 소이등청구 못하는 것 잘 알고** 있으므로 **소유권 취득 원인인 법률요건 없이 이를 잘 알면서** 타인 부동산 점유(2019다249428)

« 공유, 합유, 총유 »

17. 대법원 2022. 09. 07. 선고 2022다244805 판결 ★
대법원 2023. 06. 29. 선고 2023다217916 판결 ★

[判例2022 · 2023] **공유물분할의 소**는 형성의 소로서 공유자 상호 간 지분 교환·매매 통해 공유물을 단독 소유권 대상으로 하여 공유관계 해소하는 것 → **법원**은 청구한 자가 구하는 방법에 구애받지 않고 **자유로운 재량**으로 공유관계나 객체의 제반 상황에 따라 지분비율에 따른 합리적 분할 ○ → **원칙적**으로 각 공유자 **취득 토지 면적**이 **공유지분 비율**과 **같도록**, 그러나 여러 사정 고려하여 경제적 가치가 지분비율 상응하도록 분할 ○, 공유자 상호간 금전으로 경제적 가치 과부족 조정하는 분할 ○, 가격배상 ○ → **가격배상 기준인 '지분가격'**은 **공유물분할 시점(에 가까운 사실심 변론종결일)의 객관적 교환가치**인 시장가격 또는 매수가격 의미, 시가변동 고려 없이 감정평가액에만 의존해서는 ✕

18. 대법원 2023. 06. 29. 선고 2020다260025 판결 ★

[判例2023] 재판에 의한 공유물분할은 현물분할 원칙, 불가피한 경매분할의 요건 객관적·구체적 심리 없이 단순히 공유자들 사이 분할방법 의사합치 없다는 주관적 사정에 터잡아 함부로 경매분할(대금분할) 명할 수 ✕

특히 공동상속 원인 공유관계처럼 공유자들 사이 긴밀한 유대관계 있어 공유물 사용에 관한 명시적·묵시적 합의 있었고 점유·사용 형태로 보아 합의 추단할 수 있는 경우, 공유자 일부 지분을 경매 등으로 취득한 사람이 기존 합의 무시하고 경매분할 방법 주장하면, 법원으로서는 기존 공유자들 합의 해치지 않고 공유물 분할할 방법 우선적 강구 → 현물 분할 불가능하거나 가액 현저 감손 염려 있다는 사정 분명해야 경매분할 가능 → 현물분할 위한 금전적 조정에 어려움 있다고 경매분할 명함에 신중해야

19. 대법원 2023. 12. 07. 선고 2023다273206 판결 ★

[判例2023] 공유자 1인은 제3자 원인무효 소유권이전등기에 공유물 보존행위로서 등기 '전부' 말소청구 O → 그러나 **원인무효 등기가 특정 공유자 지분에만** 마쳐진 경우는 **다른 공유자가 보존행위로 말소청구** ✕ ∵ 다른 공유자의 지분권을 대외적 주장함은 **보존행위** ✕, **자기 지분 범위 초과 부분에 마쳐진 등기 말소 구할 수** ✕ → 원인무효 등기가 자기 지분 침해해야 보존행위로 말소 O

正辯 : 토지의 262/280 지분권자 A는 B 소유의 나머지 18/260 지분에만 C가 원인무효의 소유권이전등기를 마친 것에 대하여, 주위적으로 보존행위에 근거하여 C를 상대로 B에게 진정명의회복 원인 소유권이전등기를 구하고, 예비적으로 자신의 B에 대한 공유물분할청구권을 보전하기 위해 B의 C에 대한 진정명의회복 원인 소유권이전등기청구권을 대위하여 청구 → 1심은 주위적 청구 인용, 예비적 청구 불판단, 피고 C만 항소 → 2심은 1심 판결 파기하고 주위적 청구 기각했으나 예비적 청구 불판단, 원고 A가 상고 → 2심은 판단누락의 잘못
한편 기존 2009다67429 판결의 법리를 좀 더 충실하게 설시하였기에 위 판결로 대체하였음

20. 대법원 2023. 09. 14. 선고 2022다271753 판결

[判例2023] 집합건물법 8조(대지 위 구분소유 목적 건물 속하는 1동 건물 있을 때 대지 공유자는 건물 사용 필요 범위 대지에 분할청구 금지)의 취지는 집합건물 존립 기초 확보 → 집합건물 구분소유자와 아닌 자가 대지를 공유할 경우, 실질적 공평을 해치지 않는다면 당해 대지를 구분소유자인 공유자에게 취득시키고 구분소유자가 아닌 공유자에게는 지분 가격 취득시키는 공유물분할 허용 O

21. 대법원 2024. 10. 08. 선고 2024다257362 판결

[判例2024] 주택법으로 설립된 주택조합의 재산은 조합원 전원 총유 O → 총유물의 관리·처분에 조합규약에 정한 바 있으면 이에 따라야, 조합규약 없으면 조합원 총회 결의에 의하여야 → 거치지 않는 행위는 무효

22. 대법원 2024. 10. 31. 선고 2024다202317 판결

[判例2024] 1필 대지 위 집합건물과 일반건물 공존, 집합건물 구분소유자들에게는 집합건물법상 대지사용권, 일반건물 소유자들에게는 대지에 민법상 공유지분 있는 경우, 집합건물 구분소유자들과 일반건물 소유자들 사이 대지 이용관계는 공유물 민법 일반 법리 적용 O
공유물 변경은 이용행위(공유물 자체 경제적 용도 따라 활용)나 개량행위(공유물의 사용가치·

교환가치 증대)를 넘어서 공유물에 사실상 물리적 변화 가하여 공유자들 이용관계에 중대한 변화 가져오는 것 → 공유자 전원 동의 필요(264조)
공유물 변경에 해당하는지는 여러 사정 종합적 고려하여 공유자 전원의 의사 일치 요구될 정도로 중대한 행위인지 판단해야 → 대지공유자 일부가 대지에 적법하게 건축하여 소유하는 '건물의 철거행위'는 '공유물 대지'의 변경 ○

명의신탁

23. 대법원 2025. 06. 05. 선고 2024다296763 판결

[判例2025] 구분소유적 공유관계의 특정부분 소유자가 그 부분에 전체 지분소이등 마치려면 신탁적 지분등기 가진 공유자 상대로 명의신탁 해지 원인 지분이전등기청구 ○ → 법원이 지분이전등기의무 있다고 판단하면서 주문에 '국가는 甲에게 甲의 구분·특정 소유 부분에 관해 국가 지분 전부 이전할 것'을 명시함과 아울러 이전 명하는 국가 지분 기재 옆 괄호로 '위 토지에 대한 국가 지분 중 甲의 구분·특정 소유 부분의 면적 상응 환산 지분' 병기했다면, 이는 청구 인용·배척 부분을 이유와 대조하여 짐작할 만큼 표시된 주문 ×, 당사자 사이 분쟁 여지 잔존, 주문에 따른 등기 실행 가능성도 의문 → **판결주문의 명확성** ×

지상권

24. 대법원 2023. 04. 27. 선고 2022다306642 판결 ★★

[判例2023] 지상권 존속기간 만료 후 지체없이 갱신청구권을 행사하지 않아 갱신청구권이 소멸한 경우는 **지상물매수청구권 발생** × ∵ 지상물매수청구권은 지상권자의 적법한 갱신청구권의 행사와 지상권설정자의 갱신 거절을 요건으로(283조 2항), 지상권 갱신청구권은 지상권의 존속기간 만료 후 지체없이 행사해야

正辯 : 관습상 법정지상권의 존속기간 기산점은 건물 소유권보존등기일이 아니라 토지 소유권을 상실하여 토지와 건물의 소유자가 달라진 1987. 8. 4.이고, 견고한 건물로서 존속기간은 30년이므로(281조), 존속기간 만료일인 2017. 8. 4.로부터 약 4년이 지나 갱신청구 ×, 건물매수청구 ×

25. 대법원 2024. 11. 14. 선고 2024다268997 판결 ★

[判例2024] 지료증감청구권(**제286조**) 규정되어 있으나, 지상권자가 종전 소유자와 지료 증액하지 않기로 특약 맺었다면 효력 있고, 그러나 이로써 새로운 소유자에게 대항하려면 등기하여야

26. 대법원 2024. 11. 28. 선고 2024다271825 판결 ★★★

[判例2024] 원고가 **피담보채무 전액을 변제 주장하며 근저당권설정등기 말소 청구**했으나 잔존채무 밝혀지면 **잔존채무 변제하면 말소하라는 취지 포함**되고 **장래이행 소로써 미리 청구할 필요**도 인정, 법원은 근저당권 피담보채무 중 잔존채무 액수 심리·확정한 후 그 변제를 조건으로 근저당권설정등기 말소 명해야

→ 채무담보 위해 설정된 지상권설정등기 말소청구도 마찬가지

正辯 : 주문은 '피고는 원고로부터 1억 원을 지급받은 다음 X토지에 관하여 …로 마친 근저당권설정등기 및 …로 마친 지상권설정등기의 각 말소등기절차를 이행하라'와 같은 형식이 될 것임

« 지역권 »

✓27. 대법원 2025. 06. 12. 선고 2024다288915 판결 ★

[判例2025] 지역권자는 일정 목적 위해 타인 토지(승역지)를 자기토지(요역지)의 편익에 이용할 권리(291조), 토지 분할·일부양도 시 지역권은 요역지 각 부분을 위해 또는 승역지 각 부분에 존속하나, 지역권이 토지 일부분에만 관한 것이면 다른 부분에는 존속 ✕(293조 2항) → 지역권설정계약 있다면 요역지 편익과 이용방법의 구체적 내용은 약정에 따라 정해짐

'점유'란 사회관념상 그의 사실상 지배 있다고 보이는 객관적 관계, '사실상 지배'는 물리적·현실적 지배에 한정 ✕, 물건과 사람과 시간적·공간적 관계와 본권관계, 타인 지배 배제 가능성 등 고려하여 사회관념에 따라 합목적적 판단해야 → 임야에 대한 점유 이전·계속은 반드시 물리적·현실적 지배 요하지 ✕, 관리·이용 이전 있으면 점유 이전 O

正辯 : 甲 회사가 자신의 임야에 乙의 임야를 위한 지역권 설정했는데 乙이 甲 회사 임야를 사실상 독점적·배타적 점유·사용하자 乙 상대로 지역권설정계약상 의무위반 이유로 부당이득반환 및 불법행위 손해배상 청구 → 여러 사정 종합적 고찰하여 지역권설정계약 합리적 해석 후 의무위반 여부 따져야 → 원심이 지역권설정계약의 구체직 내용을 전혀 확인할 수 없다는 이유로 甲 회사의 지역권설정계약 해지 주장 배척하고 乙이 지역권 설정된 임야 전체에 적법한 점유권원 있다는 전제로 甲 회사의 청구 배척한 것은 잘못

≪ 유치권 ≫

28. 대법원 2023. 08. 31. 선고 2019다295278 판결 ★★

[判例2023] 324조 2항 **위반한 임대행위 있은 '후' 유치물 소유권을 취득한 제3자**도 유치권소멸청구 O ∵ 324조 유치권소멸청구는 유치권자 선관주의의무 위반에 대한 **제재**로서 **채무자**나 **유치물 소유자**를 보호하기 위한 규정

≪ 질권 ≫

29. 대법원 2023. 01. 12. 선고 2020다296840 판결 ★

[判例2023] 지연손해금을 별도로 등기부 기재하지 않았더라도 **근저당권부 질권의 피담보채권의 범위가 등기부 기재된 약정이자에 한정되지는 ×, 지연손해금도 O** ∵ 335조로 권리질권에 준용되는 334조(피담보채권 범위, 원·이·위·실·채·보·하), 부등법 76조 1항(지연손해금은 등기사항 아님)

근저당권자 甲이 乙과 제1대출약정 체결하면서 乙에게 근저당권부 질권 설정 → 그 후 **丙이 甲과 제2대출약정 체결하며 甲을 대신하여 乙에게 제1대출약정 채무 잔액 대위변제, 乙로부터 근저당권부 질권 이전받음 → 근저당권 실행 경매에서 丙은 근저당권부 질권자로서 제1대출약정의 채권만 배당받아야** O, 제2대출약정의 채권은 배당받을 수 ×

正辯 : 후순위 근저당권부 질권자 丁이 배당이의 소 제기한 사안으로서, 丙은 甲을 위해 제1대출약정 채무 잔액을 대위변제함으로써 甲에 대한 구상권 취득, 그 범위에서 乙이 甲에 대해 가지던 제1대출약정 채권과 담보권이 丙에게 법률상 당연 이전 → 丙이 이전받은 근저당권부 질권의 피담보채권은 대위변제로 소멸하는 제1대출약정 채권 O, 제2대출약정 채권을 담보한다고 볼 근거 ×

30. 대법원 2024. 04. 12. 선고 2023다315155 판결 ★★★

[判例2024] 금전채권 질권자의 **직접청구권** 법리(대리인으로 추심하므로 제3채무자의 질권자에 대한 금전지급으로써 제3채무자의 질권설정자에 대한 급부, 질권설정자의 질권자에 대한 급부가 이뤄지는 점)는 근저당권부채권의 질권자가 부동산 임의**경매절차에서 배당금을 직접 수령**하는 경우도 적용 O

부당한 배당에 대한 부당이득반환의무 부담하는 다른 채권자는 **실체법적으로 법률상 원인 없이 이득 얻은 사람**을 의미, 부동산 임의경매질차에서 **현실적으로 배당금을 수령한 사람과 언제나 일치하여야 하는 것은** ✕

질권설정자의 채무자에 대한 **근저당권부채권의 범위 초과하여 질권자의 질권설정자에 대한 피담보채권 범위 내**에서 **질권자에게 배당금이 직접 지급됨**으로써 질권자가 피담보채권의 만족을 얻으면 **실체법상 배당으로 법률상 원인 없는 이득 얻은 자는 질권자 ✕, 질권설정자 ○**

∵ **질권자는 실체법적 법률상 원인**에 기해 배당금 수령, **질권설정자는 근저당권부채권이라는 법률상 원인 범위 초과하여** 질권자에게 배당금 지급되게 함으로써 자신의 질권자에 대한 **피담보채무 소멸하는 이익 ○**

正辯 : 앞선 2012다92258 판결과 구별한 종합 정리
질권자 甲이 질권설정자 乙에 대하여 A채권(질권의 피담보채권)을 가지고, 乙은 제3채무자 丙에 대하여 B채권(입질채권)을 가지는 동일한 구조에서, 다음 두 가지 상황으로 나누면,
① A채권 100만 원, B채권 120만 원, ② A채권 120만 원, B채권 100만 원
우선 두 경우 모두 甲은 丙에 대해 100만 원만 청구만 하는 것이 타당함
①에서 丙이 甲에게 120을 주었다면 초과된 20은 甲으로부터 반환받아야(2012다92258 판결)
②에서 丙이 甲에게 120을 주었다면(실제 사안은 B채권을 담보하여 丙 소유 부동산에 설정된 근저당권에 의한 배당 이뤄짐) 초과된 20은 乙로부터 반환받아야 함(2023다315155 판결)
여기서 ①의 경우, 乙과 丙 사이 계약이 무효라면 丙은 100에 대하여는 甲이 아니라 乙에 대하여 부당이득반환 구해야 한다는 점(이때도 초과액 20은 甲에 대하여 반환을 청구), 또한 이처럼 乙과 丙 사이 계약이 무효인 경우에 甲이 초과로 받은 20을 만약 乙에게 반환했다면 甲에게는 이득이 없으므로 그 20도 乙에 대하여 부당이득반환을 구해야 하는 점을 유의해야
②의 경우, 실제 사건은 丙 소유 부동산 경매에서 질권자 甲이 제1순위로 배당금 120 수령하자 제2순위인 '丙의 다른 채권자 丁'은 실제 배당금 수령한 질권자 甲이 아닌 질권설정자인 乙을 상대로 20의 부당이득반환 구한 사건이며(즉, 소유자 丙이 부당이득반환을 구한 사건은 아님), 대법원은 丁의 부당이득반환청구가 타당하다고 하였음

« 저당권 »

31. 대법원 2023. 07. 13. 선고 2022다265093 판결 ★★

[判例2023] 제3취득자가 **367조에 의해 비용상환청구권 우선상환**을 받으려면 저당부동산의 경매절차에서 배당요구 종기까지 **배당요구**를 해야(민집법 268조, 88조) → **'경매절차'에서 배당받는 방법**으로 우선변제 받는 것, 제3취득자가 **직접 저당권설정자·저당권자·경락인 등에 대해 비용상환청구권 인정되지는** ✕ → 제3취득자는 367조 비용상환청구권을 피담보채권으로 **유치권 행사** ✕

32. 대법원 2023. 06. 29. 선고 2022다300248 판결 ★

[判例2023] 임의경매절차에서 근저당권자가 경매신청서에 청구채권으로 원금 외에 이자·지연손해금 등 부대채권을 개괄적 표시했다가 추후 채권계산서로 부대채권의 구체적 금액 특정할 수 ○ → 그러나 근저당권자가 경매신청서 청구금액 등에 장래 발생 예상되는 원금채권 기재했거나 구체적 금액 밝혔더라도 **경매 신청 당시 발생 않은 장래 원금채권**까지 **피담보채권액에 추가·확장할 수는** ✕ ∵ 피담보채권이 확정(=경매신청시)된 이후 발생하는 원금채권은 근저당권으로 담보 ✕

33. 대법원 2024. 06. 13. 선고 2020다258893 판결 ★★★

[判例2024] 368조 1항은 동시배당에서 공동저당권자의 실행선택권·우선변제권을 침해하지 않는 범위 내에서 각 부동산의 책임을 안분함으로써 각 소유자와 후순위 저당권자 그 밖의 채권자의 이해관계를 조절하는 취지

'각 부동산 경매대가'란 일반적으로 매각대금에서 당해 부동산이 부담할 **경매비용과 선순위채권을 공제**한 잔액 → **공동저당권 설정등기 전에 가압류등기** 마친 경우처럼 공동저당권과 동순위 배당 채권 있다면 매각대금에서 당해 부동산 경매비용·선순위채권뿐 아니라 **동순위채권에 안분될 금액까지 공제**한 잔액 ○ ∵ 동순위채권 안분 금액은 선순위채권처럼 공동저당권 우선변제권 미치지 않아 **담보가치 제외**되므로

공동저당권과 동순위채권 있는 경우 **368조 1항 동시배당 분담**은, 먼저 공동저당권과 동순위채권자 있는 부동산 **매각대금에서 경매비용·선순위채권 공제한 잔여금액**을 **공동저당권 피담보채권액**과 **동순위채권액**에 **비례하여 안분**한 다음, 공동저당권의 피담보채권에 **안분된 금액을 경매대가로** 삼아 **다른 부동산들과** 사이에 **각 경매대가에 안분하여 채권 분담**을 정하는 방법으로 ○, 이는 **공동근저당**도 마찬가지

正辯 : 가령 A의 경매대가 1억, B의 경매대가 1.2억, A에는 甲의 저당권(2천), 乙의 가압류(3천), 丙의 공동저당권(9천) 순서로 있고, B에 丙의 공동저당권만 존재할 경우(경매비용 논외) → A에서는 경매대가 1억에서 선순위 저당권 2천을 공제한 8천을 가압류와 공동저당권의 각 채권액에 비례하여 3천:9천(=1:3)으로 안분하면, A에서 乙의 가압류에 안분할 금액 2천, 丙의 공동저당권에 안분할 금액 6천 → 丙의 공동저당권 9천은 A의 6천, B의 1.2억 비율에 따라 1:2로 안분 → 丙의 공동저당권 최종 안분금액 : A에 3천, B에 6천

34. 대법원 2024. 08. 19.자 2024마6339 결정 ★★

[判例2024] 저당권 및 피담보채권 양수한 자가 저당권이전 부기등기 마치고 저당권실행요건 갖춘 이상, 채권양도 대항요건 갖추지 않았더라도 경매신청 ○, 경메개시결정 할 때 양수인이

채권양도 대항요건 갖춘 점 증명할 필요 ✕ → 채무자는 채권양도 대항요건 없음을 들어 경매개시결정에 이의신청, 매각허가결정에 즉시항고를 할 수 있고, 신청채권자는 그 절차에서 채권양도 대항요건 갖추었음을 증명하여야

« 가등기담보 등에 관한 법률 »

35. 대법원 2024. 01. 11. 선고 2021다210799 판결 ★★★

[判例2024] 가담법 적용받는 담보가등기권리자의 **가담법 3, 4조 귀속정산절차**에 따른 **본등기 청구**는 2조 1호의 담보계약에 따른 **담보권 실행 → 담보가등기인 것을 전제로** 가등기담보법의 **청산기간 경과했음을 원인으로 본등기 청구**했다면, **가등기 등기원인이 '매매예약'으로 기재되었더라도 통상의 매매예약 ✕**, 장래에 담보권실행의 수단인 등기형식에 불과, **제척기간 적용 ✕**

가등기가 마쳐진 시점부터 10년이 경과하지 않았다면 대여금채권의 **소멸시효 완성될 수 ✕**

∵ **가등기 마쳐준 것이 승인 ○**

正辯 : 14. 10. 1. 마쳐진 가등기의 등기원인 '매매예약'이 14. 8. 1. 체결로 기재된 경우, 가등기권리자가 청산기간 경과를 원인으로 한 본등기를 청구하는 소를 24. 9. 1. 제기하면, 14. 8. 1.부터의 '제척기간' 10년은 적용될 여지가 없고, 14. 10. 1.부터의 '소멸시효'가 적용되나 10년이 경과하지 않아 소멸시효 중단 ○

✓ 36. 대법원 2025. 03. 27. 선고 2024다291102 판결

[判例2025] 가등기담보법 16조(1항: 소유권이전 가등기 된 부동산에 경매개시결정 있는 경우, 법원은 담보가등기의 경우 가등기권리자에 대해 그 내용과 채권 존부·원인 및 수액을, 담보가등기 아닌 경우 그 내용을, 법원에 신고할 것을 상당 기간 정하여 최고해야, 2항: 압류등기 전에 마친 담보가등기권리가 매각으로 소멸되는 때는 위 채권신고 한 경우만 배당 등 받을 수 있음) → 2항 해당의 담보가등기권자가 집행법원이 정한 기간 안에 채권신고 하지 않으면 배당받을 권리 ✕

가등기권리자에 대한 채권신고 최고는 상당하다고 인정되는 방법으로 ○ ∵ 16조 1항의 최고는 민사집행규칙 8조 1항의 최고에 해당하므로

正辯 : 채권자 甲의 신청으로 채무자 乙 소유 부동산에 강제경매 개시되어 집행법원이 부동산에 마쳐진 가등기권리자 丙의 등기상 주소지로 담보가등기라면 배당요구 종기까지 채권신고하라는 최고를

등기우편 발소 → 가등기 후 이사하여 최고서 송달받지 못한 丙이 배당요구 종기 지난 후 채권신고를 하여 배당 → 배당 전혀 받지 못한 甲이 배당이의 소 제기 O

丙이 변경된 주소 등기하지 않아 집행법원이 부득이 최고서를 등기부상 주소지로 등기우편 발송한 것은 민사집행절차상 최고로서 상당하다고 인정되는 방법 O, 丙이 집행법원이 정한 채권신고기간 안에 신고하지 아니한 이상 丙은 배당받을 자격 상실

Part 5
가족법

05

« 혼인의 무효와 취소 »

01. 대법원 2024. 05. 23. 선고 2020므15896 전원합의체 판결 ★★★

[大判全合2024] 이혼 후라도 혼인무효 확인 구할 이익 O ∵ 무효인 혼인과 이혼은 법적 효과 달라 이혼 후에도 무효 확인 실익 존재(인척 혼인금지 여부, 친족상도례 적용 여부), 과거 법률관계 무효 확인으로 관련 분쟁 한꺼번에 해결하는 유효·적절 수단, 무효인 혼인과 이혼은 법적 효과 다름, 대법원은 협의파양 이후에도 입양무효확인의 이익 인정, 가족관계등록부 정정 요구 위한 객관적 증빙자료 확보(그 기재가 단순 불명예나 사실상 불이익 불과하다며 권리구제 막아서는 안 됨)

正辯 : '단순히 이혼한 것처럼 호적상 기재되어 불명예스럽다는 사유는 현재 법률관계 영향 미치지 않으므로 이혼신고 후 혼인관계 무효 확인의 이익 없다'고 본 82므67 판결 등을 판례변경

« 이혼 »

02. 대법원 2022. 05. 12. 선고 2021므16933 판결 ★
대법원 2024. 05. 30. 선고 2024므10370 판결 ★

[判例2024] 재산분할은 마류 가사비송사건, 직권탐지주의로서 당사자 주장 구애되지 않고 재산분할 내상·가액 직권 조사·판단 O, 가액 주장은 직권 판단 구하는 것
재판상 이혼은 사실심 변론종결일 기준 → 사실심 변론종결일까지 기록에 나타난 합리적·객관적 자료로 정해야

03. 대법원 2023. 09. 21. 선고 2023므10861 판결 ★★

[判例2023] 이혼 재산분할청구권은 행사 여부가 청구인 인격적 이익 위해 자유로운 의사결정에 전적으로 맡겨진 행사상 일신전속성 O, 채권자대위권 목적 X, 파산재단 속하지 X ∵ 순전한 재산법적 행위는 X, 청산적 요소 외에 부양적 요소나 위자료 배상 성질, 협의·심판 구체적 내용 형성되기까지는 범위·내용 불명확·불확정하여 구체적 권리 X, 불행사가 현재보다 재산 악화시키지 X → 이혼 재산분할청구권은 파산관재인·상대방 수계 X ∵ 파산재단에 속하지 않으므로

04. 대법원 2023. 10. 31.자 2023스643 결정 ★

[判例2023] 다만 한쪽 양육자가 양육비 청구하기 이전의 과거 양육비 모두를 상대방에게 부담시키게 되면 상대방은 예상 못한 양육비 일시 부담으로 지나치게 가혹하고 신의칙·형평게 어긋날 수도 있으므로, 한쪽이 양육하게 된 경위, 소요 비용 액수, 상대방 인식 여부, 당사자들 재산 상황 등 여러 사정 고려하여 결정

인지판결 확정으로 부양의무 현실화되지만, 제860조 인지 소급효 규정에 따라 인지판결 확정되면 부모의 법률상 부양의무도 자의 출생 시로 소급하여 효력 생기므로, 양육자는 인지판결 확정 전에 발생한 과거 양육비에 대하여도 상대방이 부담함이 상당한 범위 내에서 그 비용 상환 청구 ○

05. 대법원 2023. 11. 02. 선고 2023므12218 판결 ★

[判例2023] 재산분할심판 사건은 마류 가사비송사건 → 당사자 취하로 절차 종료 ○ → 심판청구 취하에 상대방 동의 불필요, 부동의해도 취하 효력 ○ ∵ 가사비송절차는 가사소송법 특별 규정 없다면 비송사건절차법 준용하는데 특별 규정 없고 비송사건절차법은 민소법 제266조 제2항(소취하 동의) 준용 ×

06. 대법원 2023. 11. 30. 선고 2022두62284 판결 ★

[判例2023] (국민연금법상 이혼배우자의 분할연금 수급권에 관하여는 원칙적으로 재산분할절차에서 포기하거나 불리한 분할 비율 동의하는 합의나 법원심판 있었다고 쉽게 단정할 수는 없으나) 다만 이혼당사자 사이 협의서·재판서(조정조서 등 포함)에 퇴직연금 분할 비율 등 명시 않았더라도 이혼배우자가 협의상·재판상 이혼 따른 재산분할절차에서 상대방 퇴직연금 내역을 구체적 파악하여 상대방 적극재산에 포함하고 상대방 퇴직연금 존부·추정액 등이 협의·조정 재산분할절차에서 충분히 고려된 사정 확인된다면, 퇴직연금이 협의액·조정액 결정에 반영된 것 → 그 협의서·재판서(조정조서 등 포함)에 '나머지 청구 포기한다.' 문언 기재되었다면 이혼배우자가 자신의 분할연금 수급권 포기 ○, 자신에게 불리한 분할 비율 설정에 동의하는 합의 ○

07. 대법원 2023. 12. 21. 선고 2023므11819 판결 ★★

[判例2023] 협의상 또는 재판상 이혼했으나 재산분할 하지 않아 이혼 후 2년 이내에 최초로 법원에 재산분할청구(제839조의2, 제843조) 하면 제척기간 내 이뤄진 청구는 제척기간

준수 O(재판 외 권리 행사로는 ×, 출소기간), 2년 내 재산분할심판 청구를 했음에도 재판에시 특정한 증서신청 여부로 제척기간 준수 판단하면 × → 청구인이 재산분할 대상을 특정하여 주장해도 법원은 당사자 주장 구애되지 않고 재산분할 대상 무엇인지 직권으로 포함·제외 O ∵ 재산분할은 가사비송사건으로 비송사건절차법의 직권탐지주의 준용(비송사건절차법 제11조)

08. 대법원 2024. 05. 17. 선고 2024므10721 판결 ★★

[判例2024] 어떤 적극재산·채무가 부부 쌍방 협력 아니라 일방에 의하여 생긴 것으로서 상대방이 그 형성·유지·부담과 무관한 경우는 재산분할 대상 ×
재판상 이혼 재산분할에서 분할 대상 재산·액수는 이혼소송 사실심 변론종결일을 기준으로 → 그러나 혼인관계 파탄된 이후 변론종결일 사이에 생긴 재산관계 변동이 부부 일방에 의한 후발적 사정 의한 것으로서 혼인 중 공동 형성 재산관계와 무관한 사정 있다면 그 변동된 재산은 재산분할 대상 × → 재산분할 대상 채무가 혼인관계 파탄 이후 변론종결일까지 감소했고 그 감소가 혼인중 공동 형성 재산관계와 무관하게 일방 노력·비용으로 이뤄졌다면, 그 감소 부분은 재산분할 대상 ×, 결국 혼인관계 파탄 시점의 채무가 재산분할 대상 O

09. 대법원 2024. 06. 27. 선고 2023므12782 판결 ★★

[判例2024] 제3자가 부부 일방과 부정행위 함으로써 부부공동생활 침해하거나 유지 방해하고 그 배우자의 권리 침해하여 정신적 고통 가한 행위는 원칙적 불법행위 O → 제3자와 부부 일방은 공동불법행위 O, 부진정연대채무 관계 O → 부부 일방이 배우자에게 공동불법행위로 인한 손해배상금 지급하면 그 변제 효과는 부진정연대채무자인 제3자에 대하여도 절대적 효력 O
부정행위 한 부부 일방이 이혼과정에서 배우자에게 위자료 명목으로 지급한 금원에 위자료뿐만 아니라 재산분할금·양육비 등 다른 성격 금원 포함되어 있고 공동불법행위로 인한 위자료를 구분·특정하기 어려운 경우, 법원은 부부 일방이 배우자에게 위자료 일부로서 금원 지급한 사정을 제3자의 위자료 액수 산정할 때 참작 O

10. 대법원 2024. 06. 27. 선고 2023므16678 판결 ★★

[判例2024] 부부 일방이 상대방 배우자 부정행위로 혼인관계 파탄되었다고 주장하며 배우자를 상대로 위자료 청구했으나 법원이 혼인관계 파탄에 부부 쌍방 책임정도 대등하다고 판단하여 위자료 청구 기각한 경우, 상대방 배우자에게 혼인관계 파탄에 대한 손해배상의무 처음

부터 불성립 ∵ 이혼 원인 손해배상책임 인정 근거는 부정행위 등 이혼 원인인 개별적 유책행위가 아니라 그로 인해 혼인관계 파탄되어 이혼 이르게 된 데 있기에 혼인관계 파탄에 부부 쌍방 책임정도 대등하면 일방에게 혼인관계 파탄 책임 지울 수 없으므로
부정행위 배우자의 손해배상의무 불성립하면 부정행위 가공한 제3자도 이혼 원인 손해배상책임 ✕ → 이러한 법리는 일방이 부정행위로 혼인관계 파탄 주장하며 본소로 위자료 청구하고 이에 대해 상대방이 반소로 위자료 청구했으나 법원이 파탄에 쌍방 책임정도 대등하다고 본소·반소 모두 기각한 경우도 마찬가지

11. 대법원 2024. 06. 27. 선고 2022므13504 판결 ★★

[大判全合 · 判例2024] 제3자가 부부 일방과 부정행위 하여 부부공동생활 침해나 유지 방해하고 배우자 권리 침해하여 정신적 고통 가하는 행위는 원칙적 불법행위 ○ → 그러나 부부가 아직 이혼하지 않았어도 실질적 부부공동생활 파탄되어 회복 불가능한 상태라면 제3자가 부부 일방과 성적인 행위 하여도 불법행위 ✕ → 부부 일방과 부정행위 할 당시 부부 공동생활 실질적 파탄되어 회복 불가능 상태인 사정은 주장하는 제3자가 증명해야

12. 대법원 2024. 07. 18.자 2018스724 전원합의체 결정 ★★★

[大判全合2024] 이혼한 부부 일방이 미성년 자녀의 과거 양육비용 상환을 상대방에게 청구할 경우, 자녀 복리 실현을 위한 권리의 성질상 그 소멸시효는 자녀가 미성년이어서 양육의무 계속되는 동안 진행 ✕, 성년이 되어 양육의무 종료된 때부터 진행 ○ (협의·심판으로 구체적 권리로 확정되지 않았더라도)
∵ 미성년인 동안 소멸시효 '**미진행**' 이유 : ① 이혼 부부 사이에 자녀 양육비 지급 구할 권리는 협의·심판에 의한 구체적 청구권 내용·범위 확정 전에는 추상적 청구권 불과하고 미성년 자녀 성장 동안 여러 사정변경 여지, ② 협의·심판의 확정 전에는 친족법상 신분과 독립하여 처분할 완전한 재산권 ✕, 단순 금전지급의무 이행이라기보다 주로 친족법상 신분에 기한 양육의무 이행 구하는 권리의 성질, ③ 과거 양육비도 현재·장래 양육에 제공되므로, 소멸시효 진행하면 자녀 복리에 부합하지 않음
∵ 성년이 되어 양육의무 종료한 때부터 소멸시효 '**진행**' 이유 : ① 과거 양육비 권리는 구상권 성질로서 양육의무 종료한 이상 일반 금전채권처럼 재산적 권리의 본질, ② 성년에 이르면 과거 양육비 지급을 구하는 권리는 양육의무 이행 구하는 성격이 옅어지고 이미 지출한 비용의 정산·구상이라는 순수한 재산권 특성이 전면적 발현되어, 그때부터는 협의·심판으로 구체적 금액 확정되지 않더라도 친족법상의 신분으로부터 독립하여 처분 가능한 완전한 재산권, ③ 성년이 된 후에도 소멸시효 미진행으로 보면 과거 양육비 권리를 행사하지 않은 사람이

적극적 권리행사 한 사람보다 더 유리하여 부조리하여 소멸시효 제도 취지에 부합하지 않음

正辯 : 당시 (1) 협의·심판 전이라도 양육자가 미성년 자녀 양육 비용을 지출한 때부터 바로 진행한다는 별개의견 1인, (2) 협의·심판으로 구체적 청구권이 되기 전에는 자녀가 성년이 되더라도 소멸시효가 진행하지 않는다는 반대의견 5인(종래 판례 유지 의견)이 있었으나, 다수의견에 따라 종래의 판례가 변경되었음

13. 대법원 2024. 10. 08.자 2023스637 결정 ★

[判例2024] 자녀가 성년에 이르면 이혼한 부부가 공동 부담하는 자녀양육의무는 종료, 더 이상 자녀의 장래 양육비 결정·분담할 문제 생기지 ×, 일방의 과거 지출 비용을 정산할 관계만 잔존, 협의·심판에서 자녀 복리 위해 필요한 양육비 분담액을 재량적 형성하는 의미는 사라짐, 자녀 복리에 미칠 영향 고려할 필요 없음

사건본인이 '성년'에 달한 경우와 '미성년자'인 경우는 과거 양육비의 확정·분담 의미 다르므로 이혼한 부부 사이에 성년이 된 자녀에 대한 과거 양육비 분담을 결정하는 법원으로서는 이러한 차이를 바탕으로 당사자들의 재산 상황이나 경제적 능력, 부담의 형평성 등에 관하여 심리하여 결과를 반영하여야

14. 대법원 2024. 10. 25. 선고 2024므11526 판결 ★

[判例2024] 이혼을 원인으로 하는 위자료청구권은 상대방 배우자의 유책불법한 행위에 의해 혼인관계가 파탄상태에 이르러 이혼하게 된 경우 그로 인해 입게 된 정신적 고통을 위자하기 위한 손해배상청구권 → 이혼 원인인 개별 유책행위 발생으로부터 최종적 이혼에 이르기까지 일련의 경과가 전체로서 불법행위로 파악되어 최종 이혼 시점에서 확정·평가됨 → 유책배우자에 대한 위자료 액수를 산정함에는, 유책행위에 이른 경위·정도, 혼인관계 파탄의 원인·책임, 배우자 연령·재산상태 등 변론에 나타나는 모든 사정 참작하여 법원이 직권으로 정해야 → 혼인관계 파탄 '이후' 최종적 이혼에 이르기까지 발생한 모든 사정 포함 O, 개별 유책행위에 대한 별개 손해배상청구 할 수 있다고 달라지지 않음

« 사실혼 »

15. 대법원 2023. 07. 13. 선고 2017므11856 판결 ★★
대법원 2024. 01. 04. 선고 2022므11027 판결 ★★

[判例2023 · 2024] 사실혼 해소 원인 재산분할에서 분할대상 재산·액수는 사실혼 해소된 날 기준으로 정해야 → 사실혼 해소 이후 재산분할 청구사건 사실심 변론종결 시까지 사이에 혼인 중 공동 노력으로 형성·유지한 부동산에 발생한 외부적·후발적 사정으로서, 그 이익·손해를 일방 귀속시킴이 부부 공동재산 공평한 청산·분배라는 재산분할제도 목적에 현저히 부합하지 않는 특별한 사정 있다면 분할대상 재산의 가액 산정에 참작 O

正辯 : 2022므11027 판결은 甲·乙 사실혼 관계 중 乙이 건물 소유권이전등기, 사실혼관계 해소되어 甲이 乙을 상대로 사실혼 해소 따른 재산분할청구소송 제기 → 건물 가액 산정은 사실혼 해소된 날을 기준으로 → 적어도 제1심법원의 감정촉탁 결과에 따라 재산분할 명했어야 함에도, 항소심 변론종결일에 근접한 항소심에서의 '감정일 현재' 시가 기준으로 산정하여 위법(사실혼 해소 후 변론종결일까지 공평 고려할 외부적·후발적 특별한 사정 존재도 불분명)

16. 대법원 2023. 07. 17. 선고 2021도11126 전원합의체 판결

[判例2024] 국민건강보험공단이 사실상 혼인관계인 집단에 대해 피부양자 자격 인정하면서 동성 동반자 집단에 대해서는 피부양자 자격을 인정하지 않는 처분을 한 것은 합리적 이유 없이 불이익 주어 사실상 혼인관계 있는 사람과 차별한 것, 헌법상 평등원칙 위반

正辯 : 당시 4인의 별개의견은, 국민건강보호법상 '배우자' 개념은 이성 간 결합을 본질로 하는 '혼인'을 전제로 하고, '동성 동반자'와 '사실상 혼인관계 있는 사람'은 본질적으로 동일한 집단에 속하지 않아 자의적 차별이 아니라고 하였음(절차적 하자는 인정)

« 혼인 중의 출생자 / 친생부인 »

17. 대법원 2025. 04. 24. 선고 2022므15371 판결 ★★

[判例2025] 보조생식 시술 통해 임신·출산한 자녀를 타인에게 인도하는 대리모계약은 제103조 공서양속 위반으로 무효 ∵ 여성의 몸을 도구화, 출생 자녀를 거래 객체화, 임신·출산 과정에서 형성된 모자간 정서적 유대관계 깨뜨려 인간 존엄성 침해

대리모가 자신이 출산한 아이와 관련하여 친생모로서 가지는 권리 일체를 포기하는 합의도 무효 ∵ 대리모계약의 일부 혹은 연장선, 진실한 친자관계 부정하고 모로서의 정당한 권리행사 박탈

부자관계는 관계 확정 위한 별도 요건을 충족하는 경우만 친자관계 성립하는 법률적 친자관계, 모자관계는 임신·출산 사실에 의해 관계 명확히 결정되는 자연적 친자관계 → 출산한 모와 자녀 사이에 혈연관계 존재한다면 무효인 대리모계약에 의하여 출산이뤄졌더라도 출산한 대리모가 자녀의 모 O

민사소송법 제1조 제2항 신의성실 원칙은 가사소송절차도 준용 O → 다만, 친족법상 친자관계 다루는 친생자관계존재확인의 소는 소권남용으로 쉽게 배척되면 ✕

그러나 자녀 복리에 현저히 반하는 특별한 사정 있다면 친생자관계존재확인의 소도 예외적 소권남용 O ∵ 자녀 복리는 친자관계에서 최우선적 고려사항

正辯 : D와 K부부의 대리모계약이나 D가 친모로서 권리 행사하지 않기로 한 합의는 무효지만, K부부가 C를 친생자 출생신고하고 친생부모 지위에서 양육함에는 입양 합의로서 D의 대락 O → C는 출생 직후부터 현재까지 K 부부의 친생자와 실질적 동일한 생활관계 형성, K 부부는 C에게 보호·교양 제공과 지원 충실하여 C와 K 부부 사이의 정서적 유대나 소속감도 공고 → C가 100일 정도 되었을 무렵부터 D는 K 부부에게 C의 출생의 비밀을 폭로할 것처럼 협박하여 30회 이상에 걸쳐 합계 5억 원 이상 교부받고도 K 부부 가족들에게 연락하거나 주거지 담벼락에 벽보 게시, 본가와 사업장 방문, 급기야 인터넷 사이트나 SNS 등을 통해 K 부부 및 가족의 실명과 사진 공개하면서 C의 출생의 비밀을 일부 폭로 → 결국 당시 11세였던 C도 알게 되었고 극심한 충격을 받아 학교 그만두고 미국으로 출국, K 부부도 적지 않은 충격과 고통

D가 대리모로서 C를 출산한 사실은 K 부부도 다투지 않고 있고, 이 사건 친생자관계존재확인의 소가 배척되더라도 가족관계등록부상 D가 C의 친모라는 사실이 반영되지 않는 점 외에는 D 혹은 제3자에게 다른 현저한 불이익 없음

D는 C에 대한 애정·염려 표현하거나 친모로서 C와의 관계 유지 원하는 의사 밝힌 적 없음

대리모계약의 본질상 D가 C를 임신·출산하여 인도하는 과정에서 D의 신체가 이용되고 모성이 제대로 보호받지 못한 사정은 있고, 모인 D의 의사는 원칙적 존중되어야 하나, D는 대리출산 사실 악용하여 장기간 K 부부로부터 거액의 돈을 받고 비밀을 일부 폭로하였으므로(특경법 및 정보통신망법 위반으로 징역 4년), D의 친생자관계존재확인의 소가 자녀 복리에 반하여 예외적으로 소권남용에 해당할 여지 있음

« 혼인 외의 출생자, 인지 »

18. 대법원 2024. 02. 08. 선고 2021므13279 판결 ★★

[判例2024] 자녀와 그 직계비속·법정대리인은 부·모가 사망한 때 사망 안 날로부터 2년 내 검사를 상대로 인지청구의 소 제기해야(제863조, 제864조) → 법정대리인이 소 제기한 경우는 법정대리인이 부·모의 사망사실 안 날이 제척기간의 기산점 ○ → 그러나 자녀가 미성년자인 동안 법정대리인이 인지청구 소 제기 않았다면 자녀가 성년 된 뒤 부·모 사망 안 날로부터 2년 내 인지청구 소 제기 ○ ∵ 인지청구권은 자녀 본인 일신전속적 신분관계상 권리로서 그 의사 최대한 존중되어야, 법정대리인에게 소 제기하게 한 것은 소송능력 제한된 미성년자 자녀 이익 두텁게 보호하기 위한 것일 뿐 권리행사 제한 위한 것이 아니므로

正辯 : C는 혼인관계가 아닌 A, B 사이에서 출생한 자이고, A는 2012. 2. 5. 사망 → C는 2017. 10. 6. 성년이 되고 2019. 8. 5. 검사를 상대로 사망한 A에 관한 인지청구의 소를 제기 → C가 미성년자일 당시 그 법정대리인 B가 인지청구 소 제기하지 않았으므로, C가 미성년자일 당시에 A의 사망 사실 알았더라도 성년이 된 날로부터 2년이 지나지 않은 이상 제척기간 준수 ○

19. 대법원 2023. 09. 21. 선고 2021므13354 판결 ★

[判例2023] 파양에 의한 양친자관계 해소 위한 친생자관계부존재확인청구 인용판결 확정되면 확정일 이후부터는 더 이상 양친자관계 존재 주장 ×

正辯 : 그러나 2013년 개정으로 미성년 입양에는 가정법원의 허가가 필수가 되어 이제는 허위의 친생자 출생신고 당시에 바로 입양의 효력이 발생하기는 어려움

20. 대법원 2024. 06. 13.자 2024스536 결정

[判例2024] 가족관계등록법상 가족관계등록부 정정신청은 가정법원 허가를 받거나(동법 제104조), 확정판결을 받아서 하며(동법 제107조), 전자는 경미한 경우에 허용, 친족법·상속법상 중대한 영향 미칠 사항은 확정판결로만 가족관계등록부 정정신청 ○

자녀 가족관계등록부에 부의 출생연월일과 본 기록되지 않아 부의 제적부 기재내용과 동일하게 기록하는 것은 친족법·상속법상 중대한 영향 미쳐 확정판결로 이뤄져야 → 혼인 중의 출생자는 친생자관계존재확인 확정판결 받아 정정신청 ○, 주문에 확정되지 않는 '부모 혼인 여부'는 가족관계등록부 등으로 별도 인정되어야

북한에서 혼인관계 유효 성립했으나 가족관계등록부에 혼인관계 기록되지 않았다는 사정만

으로 혼인관계 중 출생한 자녀가 혼인 외 출생자로 되지는 ×, 이를 주장하며 부와의 사이에 친생자관계존재확인 확정판결 받아 가족관계등록부 정정신청 한 경우(동법 제107조), 북한에서 부모 혼인관계 성립 여부 등 소명하여 가정법원 허가 받아 정정신청 O(동법 제104조) ∵ 북한 성립 혼인관계가 가족관계등록부 기록 어려운 점, 가소법 등에 직접적 쟁송방법 없는 점, 위와 같은 경우도 가정법원 허가받아 가족관계등록부 징징할 법석 가능성 부여할 필요성

후견

21. 대법원 2023. 7. 17. 선고 2021도11126 판결 ★

[判例2023] 반의사불벌죄에서 성년후견인은 명문 규정 없는 한 의사무능력자 피해자를 대리하여 피고인·피의자에 대해 처벌불원의사 결정·철회할 수 × → 성년후견인의 법정대리권 범위에 통상적 소송행위 포함되어 있거나 성년후견개시심판에서 소송행위에 대한 가정법원의 허가를 얻었더라도 마찬가지

부양

22. 대법원 2023. 03. 24.자 2022스771 결정 ★

[判例2023] 혼인이 사실상 파탄되어 부부가 별거하며 서로 이혼소송 제기하는 경우더라도 특별한 사정이 없는 한 이혼판결 확정 등 법률상 혼인관계가 완전히 해소될 때까지는 부부간 부양의무 존속 O ∵ 같은 생활 정도 보장하는 부부간 부양의무는 동거하며 정상적 부부관계 유지하는 경우보다 별거하여 부양의무 이행 필요성 있는 경우에 더 큰 의미, 이혼 효력 발생 전에는 여전히 법률상 부부관계 존속, 재산분할청구는 청산뿐 아니라 부양적 요소 → 일방이 스스로 정당한 이유 없이 동거 거부하며 부양료 지급 청구할 순 없지만, 그러한 귀책사유 없는 일방은 서로 이혼소송 제기한 경우라도 상대방에게 부양료 지급 청구 O

正辯 : 부부공동생활이 파탄되어 회복할 수 없을 정도인 경우에 부부 일방과 성적인 행위를 한 제3자에게 불법행위 성립하지 않는다는 판례(2011므2997 전원합의체 판결)와 구별

상속회복청구권

23. 헌법재판소 2024. 06. 27. 선고 2021헌마1588 결정 ★★

[憲裁2024] 제999조 제2항 중 '침해행위 있은 날'부터 10년 후에 인지·재판확정 이뤄진 경우 추가된 공동상속인이 상속분가액지급청구권(제1014조)을 원천적 행사 불가로 한 것은 위헌 ∵ 입법취지 위반, 입법형성 한계 일탈하여 재산권과 재판청구권 침해 → 위와 같은 상속분가액지급청구권은 제척기간 제한 없어짐

상속일반론

24. 대법원 2023. 12. 21. 선고 2023다265731 판결

[判例2023] 제1004조 제5호 유언서를 '은닉'한 자라 함은 유언서 소재 불명하게 하여 그 발견 방해하는 행위를 한 자 → 공동상속인들 사이에 내용 널리 알려진 유언서에 관하여 피상속인 사망 후 일정한 기간 경과한 시점에서 비로소 그 존재를 주장하는 등 사정만으로 유언서의 은닉 ×

25. 대법원 2023. 11. 16. 선고 2018다283049 판결

[判例2023] 단체협약에서 근로자 사망으로 지급되는 퇴직금(사망퇴직금)을 근로기준법상 유족보상 범위·순위에 따라 유족에 지급하기로 정했다면, 유족은 상속인으로서가 아니라 위 규정에 따라 직접 사망퇴직금 취득하여 고유재산 ○

26. 대법원 2023. 05. 11. 선고 2018다248626 전원합의체 판결 ★★★

[大判全合2023] 제1008조의3 '제사주재자'는 공동상속인들 사이 협의 이뤄지지 않은 경우는 특별한 사정이 없는 한 '직계비속' 중 남녀·적서 불문하고 '최근친 연장자'가 우선하는 것이 '조리'에 부합

∵ ① 판례 변경은 법적 안정성과 규범력 확보 위해 제한적 변경만, ② 제1008조의3의 법률관

계 간명한 처리 취지 고려하여 어느 정도 예측 가능하고 사회통념상 정당한 특정의 1인을 정할 필요, ③ 제사의 추모의식적 성격 고려, 연령은 객관적 기준, 연장자 우선은 전통 미풍양속, ④ 최근친 연장자도 장기 외국 거주, 부모 학대·모욕·위해 가하는 등 제사주재자 지위 부정할 특별한 사정 있으면 부정
공동상속인들 협의 이뤄지지 않으면 특별한 사정 없는 한 장남(장남 이미 사망한 경우는 장손자), 아들이 없으면 장녀가 제사주재자 된다고 판시한 2008년 전원합의체 판결의 법리는 더 이상 조리에 부합하지 ✕
∵ 남성 상속인을 제사주재자로 우선하는 것은 헌법 제11조 제1항(성별 차별 금지), 헌법 제36조 제1항(혼인·가족생활 보장)에 합치되지 ✕, 조리도 헌법을 최상위 규범으로 전체 법질서 부합해야, 제사용 재산 승계에서 남성 상속인과 여성 상속인 차별은 정당화 ✕, 부담·의무 측면도 남성 상속인 전적 부담 부당

正辯 : '제사주재자' 결정에 있어 과거의 대법원은 관습에 기초하여 특별한 사정이 없는 한 '종손'이 제사주재자라고 판시했다가, 2008년 전원합의체는 '협의 → 장남·장손 → 장녀'의 순으로 판례를 변경했으나 2023년에 다시 변경된 것임
한편 당시 별개의견은 협의가 이뤄지지 않을 경우 '직계비속 중 최근친 연장자'와 같은 특정인을 정하지 말고 법원이 제반사정을 고려하여 결정해야 한다는 견해였음(별개의견에 따르면 '배우자'가 제사주재자로 되기 용이해짐)
대법원 견해 변경 있으나 법적 안정성과 신뢰 보호 측면에서 새로운 법리는 판결 선고 이후에 제사용 재산 승계 이뤄지는 경우만 적용 O, 다만 이 사건에는 새로운 법리 소급 적용 O피상속인 사망하자 내연관계 K가 유체 화장한 후 유해를 추모공원에 봉안 → 피상속인의 배우자, 장녀, 차녀가 K와 추모공원 운영 재단법인을 상대로 유해인도소송 제기 → 원심은 피상속인과 K 사이에 혼외자로서 미성년자인 장남 M이 있으므로 그가 제사주재자로서 유해에 대한 권리 있고 M은 친권자 K를 통해 유해를 점유·관리하고 있다고 보아 청구를 기각 했다가 대법원에서 파기됨

« 상속분, 특별수익, 기여분 »

27. 대법원 2024. 06. 13.자 2024스525 결정 ★★

[判例2024] 피상속인이 피대습인을 피보험자로, 대습상속인을 보험수익자로 지정한 생명보험계약 체결하고 보험계약자로서 보험료 납부하다가 피대습인 사망하여 대습상속인이 생명보험금 수령한 경우, 상속분 선급인 특별수익 ✕ ∵ 대습상속인을 보험수익자로 지정한 때 이미 피상속인 재산 감소시키는 실질적 증여 O, 대습상속인이 대습원인 발생 전에 보험수익자로 지정된 이상 그 후 피대습인 사망이라는 조건 성취로 생명보험금 수령했더라도 이는 대습상속인이 상속인의 지위에서 받은 것 아니므로

28. 대법원 2024. 08. 01. 선고 2023다318857 판결 ★★★
대법원 2025. 03. 24.자 2024스866 결정 ★★★

[判例2024 · 2025] 위 법리로 공동상속인의 임대차보증금반환채무는 불가분채무, 불가분채무자가 변제 등으로 공동면책 얻으면 다른 채무자의 부담부분에 구상 ○, 제1007조의 '상속분'에 응한 권리·의무 승계는 '법정상속분' 의미함 → 임대인 지위 공동 승계한 상속인 중 1인이 임대차보증금 변제 등으로 공동면책 얻으면 다른 공동상속인들을 상대로 법정상속분에 따라 구상 ○

상속개시로 공동상속인들 각 법정상속분에 따라 공유하는 상속재산에 부과된 재산세는 공동상속인들이 연대하여 납부의무 ○, 1인 재산세 납부하여 공동면책 얻었다면 특별한 사정 없는 한 다른 공동상속인들을 상대로 각 법정상속분에 따라 구상 ○ → 구상하지 않은 상태에서 상속재산분할 진행되면서(위 재산세 납부 고려 가능) 납부된 재산세 고려 없었다면, 재산세 납부한 공동상속인이 그 상속재산을 단독소유 하도록 분할 이뤄졌더라도 구상 ○ ∵ 상속개시 후 상속재산 분할 있을 때까지 공동상속인은 상속재산을 각 법정상속분에 따라 공유(제1006조, 제1007조), 공유물 지방세는 공유자가 연대하여 납부의무 부담하고 제425조 준용(지방세기본법), 공동상속인의 상속재산 공유관계 있던 사실까지 제1015조로 소급 소멸하진 ✕

29. 대법원 2024. 06. 13.자 2024스525 결정 ★★★

[判例2024] 피상속인이 피대습인을 피보험자, 대습상속인을 보험수익자로 지정한 생명보험계약 체결하고 보험료 납부하다가 피대습인 사망하여 대습상속인이 생명보험금 수령한 경우, 상속분 선급인 특별수익 ✕ ∵ 대습상속인을 보험수익자 지정한 때 이미 피상속인 재산 감소시키는 실질적 증여 ○, 대습상속인이 대습원인 발생 전에 보험수익자로 지정된 이상, 그 후 피대습인 사망이라는 조건 성취로 생명보험금 수령했더라도 이는 대습상속인이 상속인 지위에서 받은 것 아니므로

상속재산의 분할

30. 대법원 2023. 04. 27. 선고 2020다292626 판결 ★

[判例2023] 제1006조, 제1007조('상속분'은 법정상속분 의미)에 의해 상속 개시되어 상속재산 분할 있을 때까지 공동상속인들은 각자 법정상속분에 따라 잠정적 공유하다가 특별수익 고

려한 구체적 상속분으로 상속재산 분할하면 잠정적 공유상태 해소하고 최종적 개개 상속재산 귀속 확정 → 상속재산 분할 마쳐지지 않았음에도 특정 상속인에 대해 '특별수익 등을 고려하면 그의 구체적 상속분이 없다'는 이유로 권리 승계 아예 없기에 원인무효 등기라거나 부당이득이라 주장 ✕

31. 대법원 2023. 12. 21. 선고 2023다221144 판결

[判例2023] 주식은 금전채권 같은 가분채권 아니므로 공동상속되는 경우 법정상속분에 따른 분할 귀속 ✕, 공동상속인 준공유 형성 ○

32. 대법원 2024. 05. 30. 선고 2024다208315 판결 ★

[判例2024] 체납자가 사망한 모친 상속재산을 모두 부친 소유로 하는 상속재산 분할협의하여 사실상 상속포기와 같은 결과 가져와도 사해행위 ○

33. 대법원 2024. 08. 01. 선고 2023다318857 판결 ★★★

[判例2024] 분할대상 상속재산 중 특정 상속재산을 공동상속인 1인 단독소유로 하고 그의 구체적 상속분과 그 특정재산 가액의 차액을 현금으로 정산하는 방법(대상분할)으로 상속재산 분할심판 → 그 특정재산이 상가건물임대차법이 정한 대항요건 갖춘 임대차 목적물이면, 그 공동상속인은 보증금반환채무 면책적 인수, 다른 공동상속인들은 임대차관계 탈퇴하고 보증금반환채무 면함 → 위 분할심판에서 보증금반환채무가 분할대상에서 제외되고 단독 상속한 공동상속인이 보증금반환채무 면책적 인수하면서 다른 공동상속인들에게는 위 채무인수 고려하지 않은 방식으로 산정된 차액을 지급하면, 그는 본래 상속재산분할에서 의도되었던 것보다 과도한 부담 안아 부당함 → 다른 공동상속인 채무 면하는 것을 정당화할 특별한 사정이 없는 한, 보증금반환채무에 관하여 공동상속인들의 법정상속분에 따른 내부적 부담부분 그대로 유지 ○, 그 임대차 목적물 단독소유하게 된 공동상속인이 나중에 임대차보증금을 반환한 때에는 다른 공동상속인들을 상대로 구상 ○

正辯 : '상속분' 단원에서 전술한 같은 판례의 다른 요지를 비교하며 함께 숙지할 것

34. 대법원 2023. 6. 1. 선고 2023다217534 판결 ★

[判例2023] 유언자가 유언을 철회하지 않은 이상, 유언증서 성립 후 멸실·분실되었다는 사정만으로는 유언 실효 ✕ → 이해관계인은 유언증서 내용 입증하여 유언 유효 주장 ○, 녹음테이프·녹음파일의 멸실·분실도 마찬가지

正辯 : 구수증서 방식 유언으로서 법원에 검인이 되어있던 사안

« 상속의 승인과 포기 »

35. 대법원 2023. 03. 23.자 2020그42 전원합의체 결정 ★★★

[大判全合2023] 공동상속인인 배우자와 여러 자녀 중 일부·전부의 상속포기 효과 → ① 자녀 일부만 상속포기 : 포기한 자녀의 상속분은 배우자와 포기 않은 자녀에게 귀속(제1043조 ○), ② 자녀 전부가 상속포기 : 포기한 자녀 전부의 상속분은 포기 않은 '다른 상속인'인 배우자에게 귀속(=배우자 단독상속, 제1043조 ○), ③ 배우자와 자녀 전부가 상속포기 : 제1043조 적용 ✕ ∵ 제1043조는 공동상속인 '일부'가 상속 포기한 경우만 규율함이 문언상 명백

즉, 피상속인의 배우자와 자녀 중 자녀 전부가 상속을 포기한 경우에는 배우자가 단독상속인 ○, 배우자와 손자녀 또는 직계존속이 공동상속인 될 수는 ✕ (판례변경)

∵ 상속에 관한 입법례, 민법의 입법 연혁(제정 당시부터 배우자 상속을 혈족 상속과 구분되는 특별한 상속으로 규정하지 않음), 민법 조문의 문언 및 체계적·논리적 해석(제1000조부터 제1043조까지 '상속인'은 모두 동일한 의미, 제1043조 '상속인이 수인인 경우'나 제1000조 제2항의 '공동상속인'에는 '배우자'도 당연 포함), 채무상속에서 상속포기자의 의사(소극재산 초과할 경우 상속 포기한 자녀들의 의사는 자신의 자녀인 피상속인의 손자녀에게 채무 승계되는 효과도 막을 목적으로 포기한 것), 실무상 문제(손자녀·직계존속도 연이어 상속 포기하고 결과적으로 배우자 단독상속이 되는 실무례 다수임에도 별도로 포기 절차 시간·비용 낭비)

正辯 : 위 전원합의체 판결에서 2인의 반대의견은, 제1000조·제1003조가 규정하는 상속인 결정의 원칙에 위반되는 점, 다른 제도로 상속채무 승계하는 상속인 보호할 수 있는 점, 종래 판례 형성된 법률관계 안정에 혼란 초래하는 점 등을 들어, 자녀 전부가 상속을 포기하면 자녀들은 처음부터 상속인이 아니었던 것이므로 제1000조에 따라 다음 순위인 손자녀 또는 직계존속이 상속인이 되어야 한다며, 종전 판례 유지하자는 견해였음

유언, 유증

36. 대법원 2022. 02. 10. 선고 2020다250783 판결 ★
대법원 2023. 09. 27. 선고 2022다302237 판결 ★

[判例2023] 유증은 상대방 없는 단독행위, 사인증여는 증여사 사망으로 약속의 효력 발생하는 증여계약으로 수증자와의 의사 합치 있어야 하는 점에서 유증과 구별 → 망인이 단독행위로서 유증했으나 유언 요건 갖추지 못해 효력 없는 경우 '사인증여'로서 효력 인정하려면 증여자·수증자 사이 청약과 승낙 의한 의사합치 있어야 → 유언자가 여러 자녀들에게 재산 분배하는 유언했으나 요건 갖추지 못한 경우, 특별한 사정이 없는 한 유언하는 자리에 동석했던 일부 자녀와 사이에서만 청약·승낙 있다면서 사인증여 효력 인정함에는 신중해야 ∵ 배우자·자녀 모두에 배분하려는 망인 의사 부합 ✕, 참석하지 않았던 나머지 상속인들과의 형평

유류분

37. 대법원 2023. 05. 18. 선고 2019다222867 판결 ★★

[判例2023] 유류분반환청구 대상 재산의 수증자가 증여받은 재산을 상속개시 전에 처분했거나 수용되면 제1113조 제1항의 유류분 산정에 있어 증여재산 가액은 증여재산의 현실 가치인 처분 당시 가액을 기준으로 상속개시까지 사이의 물가변동률을 반영하는 방법으로 산정해야

正辯 : 위 판결의 논거는 ① 제1113조 제1항은 구체적 가액산정 방법 규정 없어 법원 해석으로, ② 수증자가 증여재산을 상속개시 시까지 보유하고 있었다면 '상속개시 당시' 시가를 증여재산의 가액으로 평가하지만, 제1113조 제1항 '상속개시 시에 가진 재산의 가액' 규정이 상속개시 당시 원물로 보유하지 않아도 재산 자체의 교환가치로 평가하라는 취지는 아니므로, 상속개시 전에 증여재산이 처분·수용된 경우는 그 상태대로 재산에 편입시켜야, ③ 대법원이 금전 증여는 받은 금액을 상속 개시 당시 화폐가치 환산(증여 당시부터 상속개시 당시까지 물가변동률 반영 방법)하는 것과 같은 취지, ④ 유류분 제도 취지는 유족 생존권이나 기대 보호이지 증여받은 재산을 되돌리려는 것은 아님에도 처분된 재산의 가액을 상속개시 시의 시가로 평가하면 부당

38. 대법원 2023. 06. 01. 선고 2022다294367 판결 ★

[判例2023] 甲에게서 유증받은 乙·丙이 다른 상속인 丁에게 유증 사실 알리지 않다가 甲 사망일로부터 10년 지난 후에야 유증 원인 소유권이전등기 경료 → 丁이 乙·丙을 상대로 유류분반환청구하자 乙·丙이 소멸시효 항변 → 乙·丙이 丁의 권리행사 방해할 의도로 일부러 유증 사실 알리지 않은 채 乙이 유언집행자로서 임무 해태하면서 상속개시일로부터 10년 지나 소유권이전등기 마쳤다면 이는 채무자가 시효완성 전에 채권자의 권리행사·시효중단을 불가능·현저곤란 하게 했거나 조치가 불필요하다고 믿게 하는 행동 O, 丁이 권리 행사할 수 없는 객관적 장애사유 O → 乙·丙 소멸시효 항변은 신의성실 원칙에 반하여 불허될 여지 O

39. 대법원 2023. 06. 15. 선고 2023다203894 판결 ★★

[判例2023] 제1117조 1년 단기소멸시효의 기산점은 증여·유증 사실 외에 그것이 '반환해야 할 것임'을 알아야 → 유류분권리자가 피상속인으로부터 이전등기 받은 제3자 상대로 등기 무효 주장하며 말소청구 소 제기하고 증거 제출했으나 증여 인정되어 무효 주장 배척된 판결이 선고되어 확정된 때 비로소 증여 사실 및 반환해야 할 것임을 안 것 O

40. 대법원 2024. 06. 13. 선고 2023다304568 판결 ★★★

[判例2024] 계약명의신탁의 수탁자(피상속인)가 신탁자에게 증여 원인 소유권이전등기 마쳤더라도, 제반사정 비추어 매수자금반환의무 이행에 갈음하여 명의신탁된 부동산 자체 양도 합의한 것이면 이는 유류분 산정 기초재산에 산입되는 무상처분인 증여가 아니라 새로운 대물급부 약정에 기한 것 ∵ 실질적 관점

正辯 : '본건 부동산은 피고가 자기 돈을 투자하여 매수한 토지이고 이를 피고에게 증여한다.'는 취지 유언증서, 망인과 피고 사이에 별도의 부당이득반환채무 관련 정산을 하지 않은 점 등을 고려하여 등기 기재에도 불구하고 증여로 보지 않고 대물급부로 보아 유류분 산정 기초재산에 산입하는 특별수익인 증여가 아니라고 한 사안

✓41. 대법원 2025. 05. 29. 선고 2022다220014 판결 ★★

[判例2025] 포괄적 유증이란 적극재산·소극재산을 포괄하는 상속재산 전부·일부의 유증, 포괄적 수증자)은 상속인과 동일한 권리 의무(1078조), 포괄적·특정 유증 구별은 유언 문언 기타 제반 사정 종합적 고려하여 탐구된 유언자 의사에 따라
유류분제도나 유류분반환청구권 행사로 인해 포괄적 수증자가 승계하는 소극재산 일부가 유

류분권리자에게 승계되지 ✕ ∵ 포괄적 수증자 승계한 소극재산은 유류분 산정 기초재산액 산정 시 전액 공제(유류분액은 채무 전액을 공제한 유류분 산정 기초재산으로 신징), 공제 후 남은 적극재산 중 유류분 부족액 범위 유증 효력 상실(유류분반환청구권 행사하면 그 유류분 침해 범위에서 유증·증여는 소급적 효력 상실하고, 상대방은 실효된 범위 내에서 유증·증여 목적물 반환의무 부담)

42. 헌법재판소 2024. 04. 25. 선고 2020헌가4 등 판결 ★★★

[憲裁2024] 제1112조가 유류분권리자·유류분을 획일적 규정함은 불합리하지 않으나, 제1112조 제1·2·3호가 유류분상실사유 별도 규정 않은 것은 '헌법불합치', 제4호가 형제자매를 유류분권리자에 포함시킨 것은 '위헌', 제1118조가 제1008조의2(기여분)을 준용하지 않아 기여분과 유류분 관계 단절된 것은 '헌법불합치'

正辯 : 제1113조 내지 제1116조, 제1118조가 제1001·1010·1008조를 준용하는 것은 합헌

Part 6
민사소송법

06

∝ 서론 ∝

01. 대법원 2023. 09. 14. 선고 2020다238622 판결 [조정결정 변경 등 청구]

비송사건절차법에 규정된 비송사건을 민사소송의 방법으로 청구하는 것은 허용되지 않는다. 그러나 소송사건과 비송사건의 구별이 항상 명확한 것은 아니고, 비송사건절차법이나 다른 법령에 비송사건임이 명확히 규정되어 있지 않은 경우 당사자로서는 비송사건임을 알기 어렵다. 이러한 경우 **수소법원은 당사자에게 석명을 구하여** 당사자의 소제기에 사건을 소송절차로만 처리해 달라는 것이 아니라 **비송사건으로 처리해 주기를 바라는 의사도 포함되어 있음이 확인**된다면, **당사자의 소제기를 비송사건 신청으로 보아 재배당 등을 거쳐 비송사건으로 심리·판단하여야** 하고 그 비송사건에 대한 **토지관할을 가지고 있지 않을 때에는 관할법원에 이송**하는 것이 타당하다.

∝ 재판권 ∝

02. 대법원 2023. 04. 27. 선고 2019다247903 판결 [건물등철거] ★★

부동산은 영토주권의 객체로, **부동산 점유 주체가 외국이라는 이유만으로 부동산 소재지 국가 법원의 재판권에서 당연히 면제된다고 보기 어렵고**, 부동산을 점유하는 데에는 다양한 원인과 목적, 형태가 있을 수 있으므로, 외국이 국내 부동산을 점유하는 것을 두고 반드시 주권적 활동에 속하거나 이와 밀접한 관련이 있는 사법적 행위에 해당한다고 볼 수도 없다.
다만 외교공관은 한 국가가 자국을 대표하여 외교 활동을 하고 자국민을 보호하며 영사 사무 등을 처리하기 위하여 다른 국가에 설치한 기관이므로, **외국이 부동산을 공관지역으로 점유**하는 것은 그 성질과 목적에 비추어 **주권적 활동과 밀접한 관련**이 있다고 볼 수 있고, 국제법상 외국의 공관지역은 원칙적으로 불가침이며 접수국은 이를 보호할 의무가 있다. 따라서 외국이 부동산을 공관지역으로 점유하는 것과 관련하여 **해당 국가를 피고로 하여 제기된 소송이 외교공관의 직무 수행을 방해할 우려**가 있는 때에는 그에 대한 **우리나라 법원의 재판권 행사가 제한**되고, 이때 그 소송이 외교공관의 직무 수행을 방해할 우려가 있는지 여부는 원고가 주장하는 청구 권원과 내용, 그에 근거한 승소판결의 효력, 그 청구나 판결과 외교공관 또는 공관직무의 관련성 정도 등을 종합적으로 고려하여 판단하여야 한다.[1]

1 그러나 위 판결은 그 이유에서 "**공관지역**으로 점유하는 부동산과 관련하여 **어떠한 소송이든 부동산**

이송

03. 대법원 1995. 05. 15.자 94마1059 결정 [채권압류및전부명령] ★★
대법원 2023. 08. 31. 선고 2021다243355 판결 [양수금] ★★

집행법원인 원심법원의 **항고장 각하명령**은 채권압류 및 전부명령을 1차적인 처분으로 한 원심법원이 그 채권압류 및 전부명령의 당부에 관하여 항고법원의 재판을 대신하여 판단하는 2차적인 처분이 아니라, 위 **채권압류 및 전부명령의 당부와는 무관**하게 채무자가 이에 불복하여 제출한 즉시항고장에 **필요적 기재사항**이 기재되어 있는지 여부, 소정의 **인지**가 첩부되어 있는지 여부나 **즉시항고 기간 내**에 항고가 제기되었는지 여부 등에 관하여 **자기 몫으로 판단하는 1차적인 처분**으로서, 그에 대한 불복방법인 **즉시항고**는 **성질상 최초의 항고**이다.[2]

소재지 국가 법원의 재판권에서 면제된다고 보기는 어렵고 … 외국의 공관지역 점유로 부동산에 관한 **사적 권리나 이익이 침해**되었음을 이유로 **해당 국가를 상대로 차임 상당의 부당이득반환**을 구하는 판결절차는 그 자체로 외국의 공관지역 점유에 영향을 미치지 아니하고 … 이러한 금전지급 청구는 특별한 사정이 없는 한 **외교공관의 직무 수행을 방해할 우려가 있다고 할 수 없다**."고 판시함으로써, **외교 공관 지역의 점유에 대하여 그 외국을 상대로 한 '차임 상당 부당이득반환청구' 사건에서 대한민국의 재판권을 인정**하였음

2 강제집행절차에도 소송절차의 민소법 제443조(현행법령 규정으로 모두 수정함, 이하 동일) 적용, 항소심에는 제399조 준용 → 채권압류 및 전부명령의 채무자가 채권압류 및 전부명령에 불복하여 즉시항고 하면 원심법원인 집행법원은 그 항고장이 제443조, 제397조 제2항에 위배된 경우 및 인지 붙이지 않은 경우 상당한 기간 정하여 보정 명해도 보정하지 않은 때 및 항고기간 경과가 명백한 때에는 항고장 각하 명령 내려야(제399조 제1, 2항), 그 각하명령에 대하여는 즉시항고로 불복 가능(제399조 제3항)

제443조(항소 및 상고의 절차규정준용) ① 항고법원의 소송절차에는 제1장의 규정을 준용한다. ② 재항고와 이에 관한 소송절차에는 제2장의 규정을 준용한다.

제399조(원심재판장등의 항소장심사권) ① 항소장이 제397조제2항의 규정에 어긋난 경우와 항소장에 법률의 규정에 따른 인지를 붙이지 아니한 경우에는 원심재판장은 항소인에게 상당한 기간을 정하여 그 기간 이내에 흠을 보정하도록 명하여야 한다. 원심재판장은 법원사무관등으로 하여금 위 보정명령을 하게 할 수 있다. ② 항소인이 제1항의 기간 이내에 흠을 보정하지 아니한 때와, 항소기간을 넘긴 것이 분명한 때에는 원심재판장은 명령으로 항소장을 각하하여야 한다. ③ 제2항의 명령에 대하여는 즉시항고를 할 수 있다.

제397조(항소의 방식, 항소장의 기재사항) ① 항소는 항소장을 제1심 법원에 제출함으로써 한다. ② 항소장에는 다음 각호의 사항을 적어야 한다. 1. 당사자와 법정대리인 2. 제1심 판결의 표시와 그 판결에 대한 항소의 취지

« 당사자적격 »

04. 대법원 2024. 01. 04. 선고 2023다244499 판결 [인천미추홀구축구협회장지위확인] ★

확인의 소는 원칙적으로 분쟁 당사자 사이의 권리 또는 법률상 지위에 현존하는 불안·위험이 있고 확인판결을 받는 것이 **분쟁을 근본적으로 해결하는 가장 유효·적절한 수단**일 때에 한하여 허용된다. 특히 **단체의 임원 혹은 당선인 등의 지위의 적극적 확인을 구하는 단체 내부의 분쟁**에 있어서 **피고가 되는 자**는 그 청구를 인용하는 판결이 선고될 경우 **승소판결의 효력이 미치는 단체 자체**라 할 것이므로, 달리 특별한 사정이 없는 한 해당 **단체 아닌 자를 상대로 지위 확인을 구하는 것**은 그 지위를 둘러싼 당사자들 사이의 **분쟁을 근본적으로 해결하는 유효·적절한 방법이 될 수 없어 소의 이익을 인정하기 어렵다.**[3]

05. 대법원 2024. 11. 28. 선고 2023다245287 판결 [운영위원지위부존 재확인] ★★

비법인사단인 교회의 교인총회 결의에 대하여 **부존재 확인의 소를 제기할 수 있는 사람**이 누구인지에 관하여 **민법 등에 특별한 규정이 없으므로,** 일반적인 확인의 소의 경우처럼 **확인의 이익이나 법률상 이해관계를 가지는 사람은 누구든지 원고적격**을 가진다. 교회에 확인의 이익이 인정되는 경우에는 **교회 스스로 원고가 되어** 교인총회 결의의 존재를 주장하는 교인 등을 상대로 그 결의의 부존재 확인의 소를 제기할 수도 있다.

« 소송능력 »

06. 대법원 2024. 07. 11. 선고 2023다301941 판결 [공유물분할] ★★

제59조 전단과 **제60조**는 소송능력·법정대리권 또는 소송행위에 필요한 권한의 수여에 흠이 있는 경우에는 **법원은 기간을 정하여 이를 보정하도록** 명하여야 하고, 소송능력·법정대리권 또는 소송행위에 필요한 권한의 수여에 흠이 있는 사람이 소송행위를 한 뒤에 보정된 당사자나 법정대리인이 이를 **추인**한 경우에는 그 소송행위는 이를 한 때에 **소급하여 효력**이 생긴다

3 판례는 '피고적격'보다는 주로 '확인의 이익' 문제로 해결하고 있는 점을 숙지하되, 피고적격이 문제이기도 한 점을 이해하면 족함

고 규정하고 있다. 그러므로 **미성년자의 법정대리인에게 법정대리권이 흠결**된 경우 **법원은 그 흠을 보정할 수 없음이 명백한 때가 아닌 한 기간을 정하여 보정을 명하여야 할 의무**가 있고, 법정대리권의 보정은 **항소심에서도 가능**하다.[4]

변론능력

07. 대법원 2023. 12. 14.자 2023마6934 결정 [대여금] ★

법원은 소송관계를 분명하게 하기 위하여 필요한 진술을 할 수 없는 당사자 또는 대리인의 진술을 금지하고 변론을 계속할 새 기일을 정할 수 있으며, 이 경우 필요하다고 인정하면 법원은 변호사를 선임하도록 명할 수 있고(**제144조 제1항, 제2항**), 변호사선임명령을 받고도 새 기일까지 변호사를 선임하지 아니한 때에는 법원은 결정으로 소 또는 상소를 각하할 수 있다(**같은 조 제4항**). 한편 재판장은 소송관계를 분명하게 하기 위하여 당사자에게 사실상 또는 법률상 사항에 대하여 질문할 수 있고, 증명을 하도록 촉구할 수 있다(**제136조 제1항**).

제144조에 따른 **법원의 진술금지 또는 변호사선임명령**은 당사자 또는 대리인(이하 '당사자 등'이라고 한다)의 **변론이 애매하거나 그 의미가 명확하지 아니하여** 법원이 **제136조**에 따라 소송관계를 분명하게 하기 위하여 **석명을 구하더라도 당사자 등이 사안의 진상을 충분히 밝혀 필요한 진술을 할 수 있는 능력이 없는 때**에 당사자 등으로 하여금 변론을 **계속하게 하는 것이 그 당사자에게 불이익하고 또한 소송절차를 지연**시키는 등 바람직하지 않은 결과를 가져오므로 이를 막기 위한 것이다. 변호사선임명령을 받은 당사자 등이 이를 이행하지 아니하여 **제144조 제4항에 따라 소 또는 상소가 각하**되는 경우에는 당사자의 **재판받을 권리에 상당한 제약**이 가해지고 경제적·시간적으로도 많은 불이익이 주어지므로, 법원은 청구의 종류와 내용, 본안소송의 진행경과, 소장 및 답변서 등을 통해 제출한 공격방어방법의 주요 내용, 증명책임 부담에 따른 증거신청 내역 및 변론기일에서의 진술내용 등을 종합하여, 재판장이 소송관계를 분명하게 하기 위하여 석명을 구하더라도 당사자 등에게 필요한 진술을 할 능력이 없어 진술금지 또는 변호사선임명령을 할 필요가 있는지 여부를 판단하여야 한다. **특히 항소심에서** 항소인이 변호사선임명령을 받고 이를 이행하지 아니하여 **항소가 각하**되는 경우 그에게 **불이익한 제1심판결이 확정되는 결과**를 가져오므로 이러한 경우 법원은 변호사선임명령을

4 사안에서는 **미성년자와 친권자가 공유물분할의 소의 당사자**인 경우 **이해상반행위**로서 **미성년자마다 특별대리인을 선임**하여 소송행위를 하지 않는 경우 민법 제921조에 위반되므로 원심이 보정을 명했어야 한다고 판시하였음

할 것인지 여부를 더 신중하게 판단할 필요가 있다. 또한 패소할 것이 분명하지 아니한 경우 법원은 소송비용을 지출할 자금능력이 부족한 사람에 대하여 **신청 또는 직권으로 소송구조**를 할 수 있으므로(제128조 제1항), **변호사선임명령을 받은 당사자에 대하여 소송구조**를 통하여 소송관계를 분명하게 할 수 있는 사안인지도 아울러 **살필 필요**가 있다.

법정대리인

08. 대법원 2024. 02. 15.자 2023마7226 결정 [특별대리인선임]

법인이 당사자인 경우 이해관계인 등은, 법인의 대표자가 없거나 대표자에게 소송에 관한 대리권이 없는 경우 또는 법인의 대표자가 사실상 또는 법률상 장애로 대표권을 행사할 수 없는 경우에, 소송절차가 지연됨으로써 손해를 볼 염려가 있다는 것을 소명하여 **수소법원에 특별대리인을 선임하여 주도록 신청**할 수 있다(**제64조, 제62조 제1항**). 여기서 특별대리인 선임을 신청해야 하는 수소법원은 **본안사건이 장래에 계속될 또는 이미 계속되어 있는 법원**을 의미한다.[5]

09. 대법원 2024. 04. 12. 선고 2023다313241 판결 [관리인지위부존재확인] ★★

민법상의 법인이나 비법인사단을 상대로 그 대표자의 지위 부존재 확인을 구하는 소송에서 그 단체를 대표할 자는 지위 부존재 확인의 대상이 된 대표자이나, **대표자에 대하여 직무집행정지가처분 결정**이 내려진 경우에는, 가처분 결정에 특별한 정함이 없는 한 그 대표자는 본안소송에서 그 단체를 대표할 권한을 포함한 일체의 직무집행에서 배제된다. 따라서 **원고가 단체를 상대로 직무집행정지가처분 결정이 내려진 대표자의 대표자 지위 부존재 확인의 소를 제기**하면서 **그 대표자를 단체의 대표자로 표시한 소장을 제출**하고 **법원도 그 대표자를 송달받을 사람으로 하여 소장 부본을 송달**한 후 소송절차가 진행되었다면, 그 대표자에게는 그 소송에 관하여 단체를 대표할 권한이 없기 때문에 **소장 부본이 단체에 적법·유효하게 송달되었다고 볼 수 없고 그 대표자가 단체를 대표하여 한 소송행위나 원고가 그 대표자에 대하여 한 소송행위는 모두 무효**가 된다. 그러나 **제64조**에 따라 법인의 대표자에게 준용되는 **제59조 전**

5 본안사건인 광주고등법원(전주) 사건 피고의 대표자가 전주지방법원 군산지원에서 직무집행정지가처분 결정을 받았다면, 광주고등법원(전주)이 특별대리인 선임신청을 담당할 수소법원 관할 O (전주지방법원 군산지원으로 이송 결정한 것은 위법)

단 및 **제60조**는, 소송능력·법정대리권 또는 소송행위에 필요한 권한의 수여에 흠이 있는 경우에는 법원은 기간을 정하여 이를 **보정하도록** 명하여야 하고, 소송능력·법정대리권 또는 소송행위에 필요한 권한의 수여에 흠이 있는 사람이 소송행위를 한 뒤에 보정된 당사자나 법정대리인이 이를 **추인**한 경우에는 그 소송행위는 이를 한 때에 **소급하여 효력**이 생긴다고 규정하고 있다. 그러므로 법인의 대표자에게 대표권이 없는 경우 법원은 그 흠을 보정할 수 없음이 명백한 사정이 있지 않는 한 위 민사소송법 규정에 따라 기간을 정하여 이를 **보정하도록 명할 의무**가 있고, 이러한 **대표권의 보정은 항소심에서도 가능**하다.

« 무권대리인 »

10. 대법원 2023. 07. 13. 선고 2023다225146 판결 [손해배상(기)]

제97조에 의하여 소송대리인에게 준용되는 제60조에 의하면 소송대리권의 흠결이 있는 자의 소송행위는 후에 **당사자 본인이나 보정된 소송대리인이 그 소송행위를 추인**하면 **행위 시에 소급하여 효력**을 갖게 되고, 이는 대리권의 흠결이 있는 자가 **조정을 갈음하는 결정에 관한 이의신청**을 한 후 당사자 본인이나 보정된 대리인이 **이의신청 행위를 추인**한 경우에도 마찬가지이다.

11. 대법원 2024. 01. 04. 선고 2023다225580 판결 [주식양도] ★

변호사가 아닌 자는 소송·비송·가사조정·심판·수사·조사 사건만이 아니라 '그 밖의 일반 법률사건'에 관하여도 법률관계 문서 작성 등 법률사무를 할 수 없으며 그 위반 행위는 형사처벌의 대상이 된다(변호사법 제109조 제1호). 이때 '그 밖의 일반 법률사건'이란 법률상의 권리의무에 관하여 다툼 또는 의문이 있거나 새로운 권리의무관계의 발생에 관한 사건 일반을 의미한다. 변호사는 당사자 한쪽으로부터 상의를 받아 수임을 승낙한 사건의 상대방이 위임하는 사건에 관하여 직무를 수행할 수 없으므로(변호사법 제31조 제1항 제1호), 이른바 **'쌍방대리'는 원칙적으로 변호사의 직무 범위에서 제외**된다. 그런데 법무법인·법무법인(유한)·법무조합이 아니면서 **변호사 2명 이상이 사건의 수임·처리나 그 밖의 변호사 업무 수행 시 통일된 형태를 갖추고 수익을 분배하거나 비용을 분담**하는 형태로 운영되는 **법률사무소**는 **하나의 변호사로 취급**되므로(변호사법 제31조 제2항), 이러한 **법률사무소 소속 변호사들이 상대방의 관계에 있는 당사자 쌍방으로부터 각자 수임을 받은 경우에도 '쌍방대리'에 해당**하여 변호사법 제

31조 제1항 제1호에 따라 원칙적으로 수임이 제한된다.

변호사가 **변호사법 제31조 제1항 제1호에 따른 수임제한 규정을 위반**한 경우에는 **민법 제124조가 적용**됨에 따라 원칙적으로 허용되지 않는 **무권대리행위**에 해당하고, **예외적으로 본인의 허락**이 있는 경우에 한하여 효력이 인정될 수 있다. '본인의 허락'이 있는지 여부는 이익충돌의 위험을 회피하기 위한 입법 취지에 비추어 **쌍방대리행위에 관하여 유효성을 주장하는 자가 주장·증명책임**을 부담하고, 이때의 '허락'은 명시된 사전 허락 이외에도 **'묵시적 허락' 또는 '사후 추인'의 방식으로도 가능**하다.

≪ 소송요건 ≫

12. 대법원 2024. 07. 25. 선고 2019다256501 판결 [구상금]

외국적 요소가 있는 법률관계에 적용될 **외국법규의 내용을 확정하고 그 의미를 해석**할 때는 외국법이 **그 본국에서 현실로 해석·적용되고 있는 의미와 내용에 따라** 해석·적용하여야 한다.

≪ 장래이행의 소 ≫

13. 대법원 2023. 03. 13. 선고 2022다286786 판결 [건물인도] ★★

그런데 **장래이행의 소**는 통상적인 이행의 소의 예외에 해당하는 것일 뿐 채무자의 무자력에 따른 **강제집행의 곤란에 대비하기 위해 마련된 것이 아니다.** 더구나, **쌍무계약관계**의 이행기가 도래하지 않은 상태임에도 당사자 **일방에 대하여 선제적으로 집행권원을 확보할 수 있게 하는 것은 자칫 계약관계의 균형이 상실되어 상대방 당사자의 계약상 권리가 침해**될 수 있을 뿐만 아니라 장래의 이행기에 이르기까지 발생할 수 있는 계약상 다양한 변화를 반영하지 못함으로써 이행기 당시 쌍방 당사자의 권리의무관계와 집행권원이 모순·충돌되는 불합리한 결과를 초래할 수 있다. 따라서 장래이행의 소의 적법 여부는 엄격한 기준에 따라 신중하게 판단하여야 한다.[6]

---

6 상가건물의 임대인인 甲이 임차인인 乙을 상대로 임대차계약이 기간만료로 종료됨을 이유로 건물

14. 대법원 2023. 07. 27. 선고 2020다277023 판결 [부당이득금] ★

장래의 이행을 명하는 판결을 하기 위해서는 채무의 이행기가 장래에 도래할 뿐만 아니라 **의무불이행 사유가 그때까지 계속하여 존속한다는 것을 변론종결 당시에 확정적으로 예정할 수 있어야** 하고, 이러한 **책임 기간이 불확실**하여 변론종결 당시에 확정적으로 예정할 수 없는 경우에는 **장래의 이행을 명하는 판결을 할 수 없다.**

피고가 원고들 소유의 이 사건 계쟁토지를 사실상 지배하에 두고 점유하고 있음을 이유로 차임 상당 금원의 부당이득 반환을 명하고 있는 이 사건의 경우, 원고들이 이 사건 계쟁토지의 소유권을 상실하지 아니하더라도 원심이 이행을 명한 '소유권을 상실하는 날' 이전에 피고가 이 사건 계쟁토지에 관한 점유를 종료할 수도 있다. 그러므로 피고의 의무불이행 사유가 **'원고들이 소유권을 상실하는 날까지'** 존속한다는 것을 원심 **변론종결 당시에 확정적으로 예정할 수 있는 경우에 해당한다고 단정할 수 없고,** 그렇다면 그때까지 부당이득의 반환을 명하는 판결을 할 수도 없다.

인도를 구하는 소를 제기하였는데, 제1심은 乙이 계약갱신요구권을 행사하였으므로 甲은 정당한 사유 없이 이를 거절할 수 없다는 이유로 甲의 청구를 기각하였고, 항소심에서 甲이 **장래이행의 소로서 계약갱신요구권 행사에 따른 10년의 임대차기간이 만료하면 건물을 인도할 것**을 구하는 예비적 청구를 추가한 사안에서, 乙이 적법한 계약갱신요구권을 행사하여 임대차계약이 유효하게 존속한 상태였는데도 甲이 임대차계약이 이미 종료되었음을 주장하면서 소를 제기하여 乙이 응소하였을 뿐 예비적 청구가 추가된 이후로도 **乙은 건물 인도의무의 존부나 이행기의 도래 여부를 부정하거나 다툰 것으로 보이지 않고,** 한편 甲이 원심 변론종결 직전에 예비적 청구를 인용하되 나머지 청구를 포기하는 내용의 **'화해권고결정 요청서'**를 제출하였으나, 위 요청서는 **임대차보증금의 반환, 권리금 회수기회의 보장, 연체 차임 등의 문제에 관한 언급 없이 甲에게 건물에 관한 인도청구권에 대해서 집행권원을 부여하는 것으로만** 되어 있어 乙로서는 甲의 제의에 적극적으로 응할 수 없었던 것으로 보이고, **오히려 甲은 향후 임대차계약 종료에 따른 권리의무관계와 법률관계를 전체적으로 일괄 해결하는 방식이 아니라 甲의 권리인 건물에 관한 인도청구권에만 국한하여 집행권원을 확보하려** 하였는바, 이를 함부로 허용할 경우에는 현재 존속 중이고 상당기간 지속되어야 할 임대차계약관계의 균형이 상실됨은 물론 임대차계약의 종료 시점에 인정될 乙의 여러 권리가 침해될 가능성도 있어 보이므로, **乙이 '화해권고결정 요청서'를 수용하지 않았다고 하여,** 건물 인도의무의 이행기가 도래하더라도 **乙의 임의이행을 기대할 수 없는 경우에 해당하는 등** 예비적 청구에 관하여 **'미리 청구할 필요'가 있다고 단정할 수 없는데도,** 이와 달리 본 원심판단에 법리오해의 잘못이 있다고 한 사례.

« 확인의 소 (권리보호이익) »

15. 대법원 2018. 05. 30. 선고 2014다9632 판결 [대기처분무효확인]
대법원 2023. 02. 23. 선고 2022다207547 판결 [징계무효확인의 소] ★

확인의 소는 현재의 권리 또는 법률상 지위에 관한 위험이나 불안을 제거하기 위하여 허용되지만, **과거의 법률관계도 현재의 권리 또는 법률상 지위에 영향**을 미치고 있고 **현재의 권리 또는 법률상 지위에 대한 위험이나 불안을 제거하기 위하여 법률관계에 관한 확인판결을 받는 것이 유효·적절한 수단**이라고 인정될 때에는 **확인의 이익이 있다.**[7]

16. 대법원 2023. 06. 29. 선고 2021다277525 판결 [채무부존재확인]

금전채무에 대한 **부존재확인의 소**에서는 채무가 존재하는지 또는 잔존채무액이 얼마인지에 관하여 **당사자 사이에 다툼이 있는 경우**에 원고의 법적 지위에 불안·위험이 있는 것이고, 현재 금전채무가 없다는 점에 대하여 **당사자 사이에 다툼이 없다면** 원고의 **법적 지위에 어떠한 불안·위험이 있다고 할 수 없으므로** 특별한 사정이 없는 한 그 채무의 **부존재확인을 구할 확인의 이익이 없다**고 보아야 한다.

17. 대법원 2024. 05. 23. 선고 2020므15896 전원합의체판결(변경) [혼인의 무효] ★★★

이혼으로 혼인관계가 이미 해소되었다면 기왕의 혼인관계는 과거의 법률관계가 된다. 그러나 신분관계인 혼인관계는 그것을 전제로 하여 수많은 법률관계가 형성되고 그에 관하여 일일이 효력의 확인을 구하는 절차를 반복하는 것보다 **과거의 법률관계인 혼인관계 자체의 무효 확**

---

7 갑 주식회사의 포상징계규정은 징계의 한 종류로 '대기'를 열거하며 대기처분 받은 뒤 6개월 지나도 보직 부여받지 못한 경우 자동해임된다고 규정 → 을이 대기처분 받은 후 기간 만료하며 보직 미부여 이유로 자동해임되자 대기처분 무효확인 청구하는 것은 확인의 이익 O ∵ 대기처분 적법 여부가 자동해임처분 사유에도 직접 영향 주므로 을로서는 자동해임처분과 별개로 대기처분의 무효 여부에 관한 확인판결 받음으로써 유효·적절하게 자신의 현재의 권리나 법률상 지위에 대한 위험·불안 제거할 수 있음(2014다9632)
甲이 乙 주식회사가 운영하는 고등학교 재학 중 정학 2일 징계 받은 뒤 불복하여 乙 회사를 상대로 징계 무효 확인 구하는 소를 제기했다가 소송 중 학교 졸업 → 징계 자체는 과거의 법률관계라고 하더라도 징계 무효 확인 구하는 소는 학교생활기록부 기재사항과 밀접하게 관련된 현재의 권리 또는 법률상 지위에 대한 위험·불안 제거 위해 그 법률관계 확인판결 받는 것이 유효·적절한 수단 O ∵ 학교생기부 기재 징계 내역은 준영구적 보존, 교육받을 권리나 공무담임권, 직업 선택 등 여러 방면에 상당한 영향(2022다207547)

인을 구하는 편이 관련된 분쟁을 한꺼번에 해결하는 유효·적절한 수단일 수 있으므로, 특별한 사정이 없는 한 **혼인관계가 이미 해소된 이후라고 하더라도 혼인무효의 확인을 구할 이익이 인정된다**고 보아야 한다.[8]

소의 제기

18. 대법원 2023. 07. 14.자 2023그585 결정

제446조에 따라 제1심법원이 **항소장 각하명령에 관한 항고**에 **정당한 이유**가 있다고 인정하여 **재판을 경정**한 경우, 그로 인해 불이익을 받는 상대방 당사자는 그 **경정재판에 대하여 다시 즉시항고로 불복**할 수 있다고 보아야 한다.[9]

19. 대법원 2024. 01. 11.자 2023마7122 결정 [상고장각하명령] ★★

소송대리권의 범위는 원칙적으로 **해당 심급에 한정**되지만, 소송대리인이 **상소 제기에 관한 특별한 권한을 따로 받았다면** 특별한 사정이 없는 한 상소장을 제출할 권한과 의무가 있으므로, **상소장에 인지를 붙이지 않은 흠**이 있다면 **소송대리인은 이를 보정할 수 있고 원심 재판장도 소송대리인에게 인지의 보정을 명할 수 있다.**

그러나 소송대리인이 **상소 제기에 관하여 특별한 권한을 따로 받았다고 하더라도,** 실제로 소송대리인이 아닌 **당사자 본인이 상고장을 작성하여 제출한 경우에는** 소송대리인에게 상소장과 관련한 보정명령을 수령할 권능이 없으므로, **원심재판장이 소송대리인에게 보정명령을 송달한 것은 부적법한 송달**이어서 그 **송달의 효력이 발생하지 아니한다.**

8 판례는 그 논거로, 무효인 혼인과 이혼은 법적 효과 달라 이혼 후에도 무효 확인 실익 존재(인척 혼인금지 여부, 친족상도례 적용 여부), 과거 법률관계 무효 확인으로 관련 분쟁 한꺼번에 해결하는 유효·적절 수단, 대법원은 협의파양 이후에도 입양무효확인의 이익 인정, 가족관계등록부 정정 요구 위한 객관적 증빙자료 확보(그 기재가 단순 불명예나 사실상 불이익 불과하다며 권리 구제 막아서는 안 됨) 등을 들고 있으며, 위 판결은 그간 '단순히 이혼한 것처럼 호적상 기재되어 불명예스럽다는 사유는 현재 법률관계에 영향이 없으므로 무효 확인의 이익이 없다'고 본 82므67 판결 등의 기존의 판례를 변경함

9 위 판결은 그 이유로, ① 제224조 제1항은 성질에 어긋나지 않는 한 결정과 명령에는 판결에 관한 규정을 준용, 제211조 제3항은 판결의 경정결정에 즉시항고 할 수 있는 것으로 규정 → 제1심법원이 항고에 정당한 이유 인정하여 항고대상 재판을 경정한 경우도 그로 인해 불이익 받는 상대방은 제211조 제3항 준용·유추적용하여 즉시항고 불복할 수 있다고 해석해야 하는 점, ② 경정결정에 즉시항고 불허하고 특별항고로만 불복하도록 하면 헌법상 재판청구권 침해된다는 점을 들고 있음

20. 대법원 2024. 11. 14.자 2024마7117 결정 [항소장각하명령] ★

주소보정명령의 **보정기간이 경과**하여 **항소장 각하명령을 할 수 있음에도 항소심재판장이** 항소장 각하명령을 하지 아니하고 **다시 보정기간을 정하여 주소보정명령**을 하였다면, 다시 한 주소보정명령의 **보정기간이 경과하기 전**에는 **종전 주소보정명령의 보정기간 내에 보정의무를 이행하지 않았음을 이유로 항소장 각하명령을 할 수 없다**고 보아야 한다.

소멸시효 중단, 기간준수, 지연손해 인상

21. 대법원 2020. 02. 06. 선고 2019다223723 판결 [부당이득금] ★★
대법원 2023. 10. 12. 선고 2020다210860 판결 [공사대금] ★★

하나의 채권 중 **일부에 관하여만 판결을 구한다는 취지를 명백히 하여 소송을 제기**한 경우에는 소제기에 의한 **소멸시효중단의 효력이 그 일부에 관하여만 발생**하고, 나머지 부분에는 발생하지 아니하나, 소장에서 청구의 대상으로 삼은 채권 중 일부만을 청구하면서 **소송의 진행경과에 따라 장차 청구금액을 확장할 뜻을 표시**하고 당해 소송이 종료될 때까지 **실제로 청구금액을 확장**한 경우에는 소제기 당시부터 채권 전부에 관하여 판결을 구한 것으로 해석되므로, 이러한 경우에는 **소제기 당시부터 채권 전부에 관하여 재판상 청구로 인한 시효중단의 효력**이 발생한다.

소장에서 청구의 대상으로 삼은 채권 중 일부만을 청구하면서 소송의 진행경과에 따라 장차 청구금액을 확장할 뜻을 표시하였으나 **당해 소송이 종료될 때까지 실제로 청구금액을 확장하지 않은 경우**에는 소송의 경과에 비추어 볼 때 채권 전부에 관하여 판결을 구한 것으로 볼 수 없으므로, **나머지 부분**에 대하여는 재판상 청구로 인한 **시효중단의 효력이 발생하지 아니한다.**

그러나 이와 같은 경우에도 소를 제기하면서 장차 청구금액을 확장할 뜻을 표시한 채권자로서는 장래에 나머지 부분을 청구할 의사를 가지고 있는 것이 일반적이라고 할 것이므로, 다른 특별한 사정이 없는 한 **당해 소송이 계속 중인 동안에는 나머지 부분에 대하여 권리를 행사하겠다는 의사가 표명**되어 **최고에 의해 권리를 행사하고 있는 상태가 지속**되고 있는 것으로 보아야 하고, 채권자는 **당해 소송이 종료된 때부터 6월 내에 민법 제174조에서 정한 조치**를 취함으로써 **나머지 부분에 대한 소멸시효를 중단**시킬 수 있다.[10]

10 2020다210860 사건은, 피고가 소멸시효 완성 전에 반소를 제기하면서 장차 청구금액을 확장할 뜻을 표시하였고 이후 실제로 청구금액을 확장한 사실이 명백하다면 이는 시효중단사유인 재판상 청구에 해당하는데, 피고가 준비서면에서 '공사대금채권에 관하여 **중재를 신청**함으로써 시효가 중단'

22. 대법원 2024. 06. 13. 선고 2024다225723 판결 [부당이득금반환청구의소] ★★
대법원 2024. 06. 27. 선고 2024다219629 판결 [기타(금전)] ★★

소송촉진법 제3조 제2항은 "채무자에게 그 이행의무가 있음을 선언하는 사실심 판결이 선고되기 전까지 채무자가 그 이행의무의 존재 여부나 범위에 관하여 항쟁하는 것이 타당하다고 인정되는 경우에는 그 타당한 범위에서 제1항을 적용하지 아니한다."라고 규정하고 있다. 여기서 **'채무자가 그 이행의무의 존부나 범위에 관하여 항쟁함이 타당하다고 인정되는 때'**란 그 이행의무의 존부나 범위에 관하여 항쟁하는 채무자의 주장이 타당한 근거가 있는 것으로 인정되는 때를 가리킨다.

원고의 청구를 인용한 제1심판결에 대하여 **피고가 항소를 제기**하여 **환송 전 원심에서는 피고의 항소가 받아들여져 원고 패소판결이 선고**되었다가 이에 대하여 **원고가 상고한 결과 환송 전 원심판결이 파기**되어 그 **환송 후 원심에서 제1심판결과 같이 원고의 청구를 인용하는 판결이 선고**된 경우에는, 피고의 주장이 환송 전 원심에 의하여 받아들여진 적이 있을 정도였으므로 **적어도 그 판결이 파기되기 전까지는 피고가 이행의무의 존부나 범위에 관하여 항쟁함이 상당한 근거**가 있었다고 보아야 할 것이다. 따라서 환송 후 원심이 원고의 청구를 받아들이더라도 소송촉진법 제3조 제2항에 따라 **환송판결 선고 시까지는 같은 조 제1항이 정한 지연손해금이율을 적용할 수 없다.**[11]

23. 대법원 2025. 02. 13. 선고 2021다245542 판결 [근로자지위확인등] ★★
대법원 2025. 03. 27. 선고 2021다245528 판결 ★★

2019. 5. 21. 대통령령 제29768호로 개정되어 2019. 6. 1.부터 시행되는 '소송촉진 등에 관한 특례법 제3조 제1항 본문의 법정이율에 관한 규정'은 "소송촉진 등에 관한 특례법 제3조 제1항 본문에서 대통령령으로 정하는 이율이란 연 100분의 12를 말한다."라고 규정(이하 '개정규정'이라 한다)함으로써 종전의 법정이율이었던 연 15%를 연 12%로 개정하였다. 부칙 제2조 제1항에서는 **"이 영 시행 당시 법원에 계속 중인 사건**으로서 **제1심의 변론이 종결된 사건**에 대한 법정이율은 이 영의 개정규정에도 불구하고 **종전의 규정**에 따른다."라고 규정하고, 제2항에서는 "이 영 시행 당시 법원에 계속 중인 사건으로서 **제1심의 변론이 종결되지 아니한**

되었다고 주장한 것은 민법 제168조 제1호의 '청구'를 주장한 것으로 볼 여지가 있으므로, 설령 피고가 **명시적으로 '재판상 청구'를 중단사유로 주장하지 않았더라도 법원으로서는** 피고의 중단 주장에 그러한 주장이 포함된 것인지 여부나 피고 주장의 의미를 보다 분명히 밝히도록 촉구하는 **석명권을 행사하여 심리했어야** 한다고 판시하면서, 원심이 석명의무를 다하지 않고 중단 주장을 배척한 것이 위법하다고 하였음

11 위 대법원 판결들은 피고가 항쟁함이 상당하다고 인정되는 '파기 환송 판결 선고일'까지 연 12%의 지연손해를 적용한 원심판결 부분 중 연 7% 부분을 파기하면서, 자판하기에 충분하다고 보아 연 5%의 지연손해를 적용한 주문으로 자판하였음

사건에 대한 법정이율은 **2019년 5월 31일까지** 발생한 분에 대해서는 **종전의 규정**에 따르고, **2019년 6월 1일 이후** 발생하는 분에 대해서는 이 영의 **개정규정**에 따른다."라고 규정한다.
이러한 규정에 비추어 볼 때, 해당 사건에서 **제1심의 변론이 종결된 후 개정규정이 시행**되었을 경우, **항소심에서 인용되는 청구 부분** 중 **제1심에서 이미 심리하여 판단된 바 있는 청구 부분**은 '제1심의 변론이 종결된 사건'에 해당하므로 소송촉진법상 법정이율에 관하여 **종전의 규정**을 적용해야 하지만, **항소심에서 비로소 청구취지가 확장됨에 따라 새롭게 인용된 청구 부분**은 '제1심의 변론이 종결된 사건'이라고 볼 수 없으므로 소송촉진법상 법정이율에 관하여 **개정규정**을 적용하여야 한다.

« 처분권주의 »

24. 대법원 2024. 06. 13. 선고 2024다213157 판결 [건물인도] ★★★

건물의 '인도'는 건물에 대한 **현실적·사실적 지배를 완전히 이전**하는 것을 의미하고, 민사집행법상 인도 청구의 집행은 집행관이 채무자로부터 물건의 점유를 빼앗아 이를 채권자에게 인도하는 방법으로 한다. 한편 **건물에서의 '퇴거'**는 건물에 대한 채무자의 **점유를 해제하는 것**을 의미할 뿐, 더 나아가 채권자에게 점유를 이전할 것까지 의미하지는 않는다는 점에서 건물의 '인도'와 구별된다. 그러므로 채권자가 소로써 채무자가 **건물에서 퇴거할 것을 구하고 있는데 법원이 채무자의 건물 인도를 명하는 것은 처분권주의에 반하여 허용되지 않는다.**[12]

« 석명권 »

25. 대법원 2023. 07. 27. 선고 2023다223171 판결 [임가공료] ★

乙이 반소장과 그 후 제출한 준비서면에서 주장한 손해는 계약이 완전히 이행된 것과 동일한 경제적 이익, 즉 **이행이익** 상당의 손해를 주된 내용으로 하는 반면, 위 준비서면보다 먼저 제

12 한편 위 판결은 공유물의 소수지분권자가 공유물의 전부·일부를 독점적 점유하는 경우 다른 소수지분권자가 공유물의 인도를 구할 수는 없다는 판시도 함께 하였음

출한 종전 준비서면에서 주장한 손해는 계약이 이행되리라 믿고 지출한 비용, 즉 **신뢰이익** 상당의 손해를 주된 내용으로 하고, 그중 어느 것도 명시적으로 철회되지 않은 사안에서, **신뢰이익 상당의 손해배상청구는** 성질상 목적이 불능한 계약을 체결한 경우이거나(민법 제535조 제1항 본문) 유효하게 성립한 계약이 해지 또는 해제되는 경우에 인정되는 것이어서, 계약이 유효함으로 인하여 생기는 이익(민법 제535조 제1항 단서)인 **이행이익 상당의 손해배상청구와는 성립 요건이나 산정방법을 달리**하고, 중복배상은 허용되지 않으나 **신뢰이익의 배상과 별도로 제반 비용을 공제한 순이익에 한하여 일실이익, 즉 이행이익의 배상이 허용**될 수 있으므로, 乙이 이행이익 상당의 손해배상청구 외에 신뢰이익 상당의 손해배상청구를 **선택적으로** 한 것으로 **볼 여지**가 있고, 설령 乙의 손해배상에 관한 주장에 불분명한 면이 있다고 하더라도 원심으로서는 종전 준비서면의 진술에 의하여 반소장에서 주장하였던 **이행이익 상당의 손해에 관한 주장을 철회하고 반소 청구취지를 감축하는 취지인지 등 乙의 주장의 의미를 보다 분명히 밝히도록 촉구하는 방법으로 석명권을 행사**하여 그에 따라 심리하였어야 하는데도, 위와 같은 석명권 행사 없이 乙이 반소장에서 한 주장을 반소 청구취지 변경 없이 종전 준비서면의 기재와 같이 변경한 것으로 보아 변경된 주장을 바탕으로 갑이 배상할 손해배상액을 산정한 원심판단에는 법원의 석명의무에 관한 법리오해 등 잘못이 있다.

« 송달 »

26. 대법원 2024. 07. 25. 선고 2024다236211 판결 [임대료] ★★

민사소송 등에서의 전자문서 이용 등에 관한 법률 제11조 제2항에서는 **당사자가 등록사용자로서 전산정보처리시스템을 이용한 민사소송 등의 진행에 동의하였더라도 소송대리인이 있는 경우에는 전자적 송달이나 통지를 소송대리인에게 하도록** 규정하고 있다. 반면 **당사자가 등록사용자가 아니거나 전산정보처리시스템을 이용한 민사소송 등의 진행에 동의한 바 없다면, 소송대리인을 선임하였다고 하더라도** 당사자가 본인 고유의 소송수행권을 잃게 되는 것은 아니므로 **소송서류를 본인에게 우편으로 송달하였다고 하더라도 위법한 것은 아니다**. 그런데 이와 같이 소송서류가 당사자와 소송대리인에게 모두 송달되었다면 **당사자 또는 그 소송대리인 중 먼저 도달한 것을 기준으로 송달의 효력을 따져야** 한다.

중단, 수계

27. 대법원 2010. 12. 23. 선고 2007다22859 판결 [소유권이전등기등] ★★★ 대법원 2023. 08. 18.자 2022그779 결정 [판결경정] ★★★

제95조 제1호, 제238조에 따라 **소송대리인이 있는 경우**에는 **당사자가 사망하더라도** 소송절차가 **중단되지 않고** 소송대리인의 **소송대리권도 소멸하지 아니하는바**, 이때 망인의 소송대리인은 **당사자 지위의 당연승계**로 인하여 상속인으로부터 **새로이 수권을 받을 필요 없이 법률상 당연히 상속인의 소송대리인으로 취급**되어 **상속인들 모두를 위하여 소송을 수행하게 되는 것**이고, 당사자가 사망하였으나 그를 위한 소송대리인이 있어 소송절차가 중단되지 않는 경우에 비록 상속인으로 당사자의 표시를 정정하지 아니한 채 **망인을 그대로 당사자로 표시하여 판결**하였다고 하더라도 그 **판결의 효력**은 망인의 **소송상 지위를 당연승계한 상속인들 모두에게 미치는 것**이므로, 망인의 공동상속인 중 **소송수계절차를 밟은 일부만을 당사자로 표시한 판결** 역시 **수계하지 아니한 나머지 공동상속인들에게도 그 효력이 미친다.**

심급대리의 원칙상 그 판결이 **망인의 소송대리인에게 송달된 때 소송절차가 중단**되나, 망인의 **소송대리인에게 상소제기에 관한 특별수권**이 부여되어 있는 경우에는, 그에게 **판결이 송달되더라도** 소송절차가 **중단되지 아니하고 상소기간은 진행**하는 것이므로 상소제기 없이 상소기간이 지나가면 그 판결은 확정되는 것이지만, 한편 망인의 소송대리인이나 상속인 또는 상대방 당사자에 의하여 적법하게 상소가 제기되면 그 판결이 확정되지 않는 것 또한 당연하다. 그런데 **당사자 표시가 잘못**되었음에도 망인의 소송상 지위를 **당연승계한 정당한 상속인들 모두에게 효력이 미치는 판결**에 대하여 **그 잘못된 당사자 표시를 신뢰한 망인의 소송대리인**이나 **상대방** 당사자가 그 **잘못 기재된 당사자 모두를 상소인 또는 피상소인으로 표시**하여 **상소를 제기**한 경우에는, 상소를 제기한 자의 합리적 의사에 비추어 특별한 사정이 없는 한 **정당한 상속인들 모두에게 효력이 미치는 위 판결 전부에 대하여 상소가 제기된 것**으로 보는 것이 타당하다.

제1심 소송 계속 중 원고가 사망하자 **공동상속인 중 甲만이 수계절차**를 밟았을 뿐 나머지 공동상속인들은 수계신청을 하지 아니하여 **甲만을 망인의 소송수계인으로 표시**하여 **원고 패소 판결을 선고**한 제1심판결에 대하여 **상소제기의 특별수권을 부여받은 망인의 소송대리인이 항소인을 제1심판결문의 원고 기재와 같이 "망인의 소송수계인 甲"으로 기재하여 항소를 제기**하였고, **항소심 소송 계속 중**에 망인의 **공동상속인 중 乙 등이 소송수계신청**을 한 사안에서, 수계적격자인 망인의 공동상속인들 전원이 아니라 제1심에서 실제로 수계절차를 밟은 **甲만을 원고로 표시한 제1심판결의 효력**은 그 당사자 표시의 잘못에도 불구하고 당연승계에 따른 수계적격자인 망인의 **상속인들 모두에게 미치는 것**인데, 위와 같은 **제1심판결의 잘못된 당사자 표시를 신뢰한 망인의 소송대리인이 판결에 표시된 소송수계인을 그대로 항소인으로 표시하여** 그 판결에 전부 불복하는 위 **항소를 제기한 이상**, 그 **항소 역시** 소송수계인으로 표시되지 아니한 **나머지 상속인들 모두에게 효력**이 미치는 위 제1심판결 전부에 대하여 제기된 것으로 보아야 할 것이므로, 위 항소로 인하여 **제1심판결 전부에** 대하여 **확정이 차단**되고 **항소심**절차가 **개시**되었으며, **다만** 제1심에서 이미 수계한 甲 외에 망인의 **나머지 상속인들** 모두의 청구 부분과 관련하여서는 **항소제기 이후**로 소송대리인의 **소송대리권이 소멸**함에 따라 **제233조**에 의하여 그 소송절차는 **중단된 상태**에 있었다고 보아야 할 것이고, 따라서 **원심으로서는** 망인의 정당한 **상속인인 乙 등의 위 소송수계신청을 받아들여** 그 부분 청구에 대하여도 **심리 판단하였어야** 함에도, 乙 등이 망인의 당사자 지위를 당연승계한 부분의 제1심판결이 이미 확정된 것으로 오인하여 위 소송수계신청을 기각한 원심판결을 파기한 사례.[13]

증거조사

28. 대법원 2023. 04. 27. 선고 2022다303216 판결 [보험금] ★

어떤 특정한 사항에 관하여 상반되는 여러 개의 감정 결과가 있는 경우 각 감정 결과의 감정방법이 적법한지 여부를 심리·조사하지 않은 채 어느 하나의 감정 결과가 다른 감정 결과와 상이하다는 이유만으로 그 감정 결과를 배척할 수는 없다. 그리고 **동일한 감정사항**에 대하여 **2개 이상의 감정기관이 서로 모순되거나 불명료한 감정의견**을 내놓고 있는 경우 법원이 그 감정 결과를 **증거로 채용하여 사실을 인정하기 위해서는** 다른 증거자료가 뒷받침되지 않는 한, **각 감정기관에 대하여 감정서의 보완**을 명하거나 **증인신문**이나 **사실조회** 등의 방법을 통하여 정확한 감정의견을 밝히도록 하는 등 **적극적인 조치를 강구하여야** 한다. 이러한 법리는 **전문적인 학식과 경험이 있는 사람이 작성한 감정의견이 기재된 서면이 서증의 방법으로 제출된 경우**에 사실심 법원이 이를 채택하여 사실인정의 자료로 삼으려 할 때에도 **마찬가지**로 적용될 수 있다.[14]

---

13 최근 선고된 2022그779 결정 : 원고 甲이 피고 乙(소송대리인 丙, 상소제기 특별수권 있음)에게 소를 제기하였다가 제1심 계속 중 乙 사망 → 제1심 판결 송달받은 甲과 丙은 A, B, C, D만을 乙의 소송수계인으로 표시된 제1심판결 중 각자 패소 부분 전부에 항소 제기 → 그 후에도 E, F, G, H 수계 없이 항소심 선고 후 판결 확정된 사안
원고 甲과 피고 측 丙 변호사가 각 항소 제기한 이상 乙의 지위 당연승계한 E~H도 확정 차단되고 항소심에서 중단된 상태 → 甲은 항소심 법원에 수계신청 O, 확정판결에 E~H를 당사자와 주문에 반영하는 판결경정 ✕ (그러나 확정판결 주문 중 A~D에 대한 부분의 '지분'을 변경하는 판결경정 O ∵ 공동상속인 전원이 지급해야 할 전체 금액은 변하지 않아 판결 내용이 실질적으로 변경되는 것은 아니므로)

14 甲이 계단에서 미끄러져 넘어지는 사고로 입원치료 받다가 식사 중 의식을 잃고 쓰러져 사망하자

« 서증 »

29. 대법원 2023. 07. 17.자 2018스34 전원합의체 결정 [이혼 및 친권자지정] ★

[다수의견] 법원은 제344조 이하의 규정을 근거로 **통신사실확인지료에 대한 문서제출명령**을 할 수 있고 **전기통신사업자는** 특별한 사정이 없는 한 이에 **응할 의무**가 있으며, 전기통신사업자가 **통신비밀보호법 제3조 제1항 본문**을 들어 문서제출명령의 대상이 된 통신사실확인자료의 제출을 거부하는 것에는 **정당한 사유**가 있다고 **볼 수 없다.**[15]

통신비밀보호법은 개인의 사생활 및 대화의 비밀과 자유를 보호하기 위해 **통신사실확인자료에 대한 제공을 원칙적으로 금지**하고 있으므로, **법원은** 통신사실확인자료에 대하여 문서제출명령을 심리·발령할 때에는 이러한 **통신비밀보호법의 입법 취지를 고려**하여 통신과 대화의 비밀 및 자유와 적정하고 신속한 재판의 필요성에 관하여 **엄격한 비교형량**을 거쳐 그 필요성과 관련성을 판단하여야 한다. 그러므로 법원은 문서제출명령 신청의 대상이 된 통신사실확인자료의 내용 및 기간이 신청인이 제시한 증명사항과 밀접한 관련성이 있는지, 나아가 그 문서에 대한 서증조사를 통하여 증명사항이 사실로 인정되면 그러한 사실에 기초하여 신청인이 구체적으로 특정한 주장사실을 추단할 수 있는지를 심리함으로써 **문서제출명령 신청의 채택 여부 및 범위를 신중히 결정하여야** 한다.

그 상속인 丁이 丙 보험회사를 상대로 일반상해사망보험금 지급을 구한 사안에서, 甲의 사인에 관해 ① 질식과 급성 심근경색증이 모두 가능성이 있다는 戊 의료원 원장에 대한 진료기록감정촉탁 결과와 ② 급성 심근경색증이라는 己 대학병원 원장에 대한 진료기록감정촉탁 및 사실조회 결과가 각 제출 → 질식이라는 외래의 사고로 상해 발생했고 상해가 甲의 사망과 상당인과관계가 있다는 사정은 상속인 증명책임 지는 점, 戊 의료원 원장에 대한 진료기록감정촉탁 결과에 배치되는 진료기록감정촉탁 및 사실조회 결과와 국립과학수사연구원의 부검의견이 반증으로 제시되어 있는 점, 戊에 대한 진료기록감정촉탁 과정에 일부 절차상 미비점까지 존재하는 점 등에 비추어, 戊에 대한 진료기록감정촉탁 결과를 채택하려면 감정촉탁 결과의 보완을 명하거나 증인신문·사실조회 등 추가적 증거조사 통해 甲이 의식을 잃고 사망하는 과정에서 질식이 발생하였다고 볼만한 사정이 있었는지 등을 구체적으로 심리·파악하여 감정촉탁 결과의 신빙성 여부를 판단했어야 한다는 판결

15 위 판결의 이유는, ① 통신비밀보호법과 민사소송법은 그 입법 목적, 규정사항 및 적용 범위 등을 고려할 때 각각의 영역에서 독자적 입법 취지, 통신비밀보호법에서 민사소송법의 문서제출명령에 의하여 통신사실확인자료를 제공할 수 있는지에 관한 명시적 규정 없더라도 민사소송법상 증거 규정이 적용될 수 있고, ② 통비법은 이미 민소법 제294조 조사의 촉탁 방법에 따른 통신사실확인자료 제공을 허용하고 있으므로 통신사실확인자료가 문서제출명령의 대상이 된다고 해석할 수 있으며, ③ 통비법 입법 취지는 법원이 신중하고 엄격한 심리를 거쳐 문서제출명령 제도 운용함으로써 충분히 구현 가능하다는 점
당시 4인의 〈반대의견〉은 통신사실확인자료에 대한 문서제출명령을 불허하고, 법원이 명령 내리더라도 전기통신사업자는 통신비밀보호법을 근거로 거부 가능하며, 이에 법원은 과태료 내릴 수 없다는 입장

증명책임

30. 대법원 2023. 12. 28. 선고 2019다300866 판결 [손해배상(기)] ★

구 환경오염피해구제법의 입법 목적과 취지, 관련 규정의 내용 등을 종합하여 보면, 환경오염피해에 대하여 시설의 사업자에게 구 환경오염피해구제법 제6조 제1항에 따른 손해배상책임을 묻는 경우, 피해자가 같은 법 제9조 제2항이 정한 **여러 간접사실을 통하여 전체적으로 보아 시설**의 설치·운영과 관련하여 **배출된 오염물질** 등으로 인해 다른 사람의 **생명·신체 및 재산에 피해**가 발생한 것으로 볼 만한 **상당한 개연성**이 있다는 점을 **증명하면 그 시설과 피해 사이의 인과관계가 추정**된다고 보아야 하고, 이때 **해당 시설에서 배출된 오염물질 등이 피해자나 피해물건에 도달하여 피해가 발생하였다는 사실**이 **반드시 직접 증명되어야만 하는 것은 아니라고** 할 것이다. 한편 **사업자는** 같은 법 제9조 **제2항의 간접사실들에 대하여 반증을 들어 다투거나** 같은 조 **제3항의 사실들을 증명하여 추정을 번복하거나 배제**시킬 수 있다.[16]

재소금지

31. 대법원 2023. 01. 12. 선고 2022다266874 판결 [소유권말소등기] ★★★

甲이 乙 앞으로 마쳐준 부동산 소유권이전등기가 **명의신탁에 의한 것으로 무효라고 주장**하면서 乙을 상대로 **소유권이전등기말소청구의 소를 제기**하여 **제1심과 항소심 모두 승소**하였으나 상고심 계속 중 **소를 취하**하였는데, **그 후 재차 乙을 상대로 소유권이전등기의 말소를 구하는**

16 추가적 판시사항 : 구 환경오염피해 배상책임 및 구제에 관한 법률은, 환경오염피해에 대한 배상책임을 명확히 하고, 피해자의 입증부담을 경감하는 등 실효적인 피해구제 제도를 확립함으로써 환경오염피해로부터 신속하고 공정하게 피해자를 구제하는 것을 목적으로 한다(제1조). 제9조는, "시설이 환경오염피해 발생의 원인을 제공한 것으로 볼 만한 상당한 개연성이 있는 때에는 그 시설로 인하여 환경오염피해가 발생한 것으로 추정한다."(제1항)라고 정하고, "제1항에 따른 상당한 개연성이 있는지의 여부는 시설의 가동과정, 사용된 설비, 투입되거나 배출된 물질의 종류와 농도, 기상조건, 피해발생의 시간과 장소, 피해의 양상과 그 밖에 피해발생에 영향을 준 사정 등을 고려하여 판단한다."(제2항)라고 정함으로써, 명시적으로 시설과 환경오염피해 발생의 인과관계에 대한 피해자의 입증부담을 완화하는 규정을 두었으며, 다만 '환경오염피해가 다른 원인으로 인하여 발생하였거나, 사업자가 대통령령으로 정하는 환경오염피해 발생의 원인과 관련된 환경·안전 관계 법령 및 인허가조건을 모두 준수하고 환경오염피해를 예방하기 위하여 노력하는 등 제4조 제3항에 따른 사업자의 책무를 다하였다는 사실을 증명하는 경우에는 제1항에 따른 추정은 배제'(제3항)되도록 정하고 있다.

소를 제기하였다가 **부동산 가액 상당 손해배상을 구하는 것으로 청구를 변경**한 사안에서, 불법행위로 인한 재산상 손해는 위법한 가해행위로 생긴 재산상 불이익, 즉 위법행위가 없었더라면 존재하였을 재산상태와 위법행위가 가해진 현재의 재산상태의 차이를 말하므로, **부동산 교환가치 전액이 甲의 손해가 되려면** 乙의 행위 때문에 부동산이 **멸실**되거나 甲이 **소유권을 잃는 등**의 결과가 사회통념상 현실적으로 발생해야 하는데, 양자 간 등기명의신탁의 경우 부동산 실권리자명의등기에 관한 법률에 따라 명의신탁 약정과 그에 터 잡은 등기가 무효이므로, **甲이 부동산 소유권을 여전히 보유하고 있는 이상 乙 앞으로 마친 소유권이전등기로 인하여 어떠한 손해를 입게 되는 것은 아니며, 재소금지의 효과**는 동일한 당사자 사이에 같은 소송물에 관하여 **다시 소를 제기하지 못하게 하는 것일 뿐 실체상의 권리는 소멸하지 않으므로,** 甲이 종전 소송을 취하함에 따라 원인무효인 乙 명의 소유권이전등기의 말소를 소송을 통해 강제할 수 없을 뿐 **부동산 소유권은 계속 甲에게 남아 있고, 乙이 부동산을 제3자에게 처분할 경우에 비로소 甲이 소유권을 상실**하게 되는데도, 이와 달리 乙이 원인무효인 소유권이전등기의 말소를 거부하고 있을 뿐인데도 甲의 소유권이 침해되어 부동산 가액 상당 손해가 발생했다고 보아 그 금액의 배상을 명한 원심판단에 법리오해의 잘못이 있다고 한 사례.

« 재판상 화해 »

32. 대법원 2023. 11. 09. 선고 2023다256577 판결 [배당이의] ★

법률관계의 변경·형성을 목적으로 하는 **형성소송인 청구이의의 소**는 집행권원이 가지는 집행력의 배제를 목적으로 하는 것으로서 그 판결이 확정되더라도 당해 집행권원의 원인이 된 실체법상 권리관계에 기판력이 미치지 않고, **형성판결의 효력을 개인 사이의 합의로 창설할 수는 없으므로, 형성소송의 판결과 같은 내용으로 재판상 화해와 동일한 효력이 있는 조정을 갈음하는 결정이 확정**되더라도 **판결**을 받은 것과 같은 **효력은 생기지 않는다.**

재판상 화해는 확정판결과 같은 효력이 있어 **기판력**이 생기지만, 그 기판력은 재판상 화해의 **당사자가 아닌 제3자에 대하여까지 미친다고 할 수 없다.**

《 기판력 서설, 작용국면 》

33. 대법원 2024. 01. 04. 선고 2022다291313 판결 [건물인도] ★

확정판결에 의한 권리라 하더라도 신의에 좇아 성실히 행사되어야 하고 **판결에 기한 집행이 권리남용이 되는 경우**에는 허용되지 않으므로, **집행채무자는 청구이의의 소**에 의하여 집행의 배제를 구할 수 있으나, 확정판결은 소송당사자를 기속하는 것이므로 **재심의 소에 의하여 취소되거나 청구이의의 소에 의하여 집행력이 배제되지 아니한 채 확정판결에 기한 강제집행절차가 적법하게 진행되어 종료**되었다면 **강제집행에 따른 효력 자체를 부정할 수는 없고,** 강제집행이 이미 종료된 후 **다시 확정판결에 기한 강제집행이 권리남용에 해당하여 허용될 수 없다는 등의 사유를 들어 강제집행에 따른 효력 자체를 다투는 것**은 확정판결의 **기판력에 저촉**되어 허용될 수 없다.[17]

34. 대법원 2023. 02. 02. 선고 2020다270633 판결 [손해배상(기)] ★

소송판결의 **기판력**은 그 판결에서 확정한 **소송요건의 흠결에 관하여 미치는 것**이지만, 당사자가 그러한 **소송요건의 흠결이 보완된 상태에서 다시 소를 제기**한 경우에는 그 **기판력의 제한을 받지 않는다.**

'국가안전과 공공질서의 수호를 위한 대통령긴급조치'(이하 **'긴급조치 제9호') 위반을 이유로 유죄판결**을 받아 복역한 갑이 국가를 상대로 긴급조치 제9호에 따라 체포·구금되어 가혹행위를 당하는 등의 과정에서 입은 정신적 손해의 배상을 구하는 **국가배상청구의 소를 제기**하였다가, 갑이 **구 민주화운동 관련자 명예회복 및 보상 등에 관한 법률**(2015. 5. 18. 법률 제13289호로 개정되기 전의 것)**에 따른 보상금 지급결정에 동의**함으로써 같은 법 제18조 제2항에 따라 **재판상 화해가 성립된 것으로** 보아야 한다는 이유로 **각하판결**이 내려져 **확정**되었는데, **그 후 헌법재판소**가 위 조항의 '민주화운동과 관련하여 입은 피해' 중 불법행위로 인한 정신적 손해에 관한 부분은 국가배상청구권을 침해하여 **헌법에 위반된다는 결정**을 선고하자, **갑이 다시 국가배상청구의 소를 제기**한 사안에서, **위헌결정은 법원에 대하여 기속력**이 있고

17 **갑 은행**이 임차인인 을과의 대출약정에 근거하여 **임대인인 병을 대위하여 을을 상대로 건물의 인도를 청구**하였고, 이에 따라 **을로 하여금 병에게 건물의 인도를 명하는 종전 판결이 내려져 확정**되었는데, 갑 은행의 신청에 따라 **종전 확정판결을 집행권원으로 하여 건물에 대한 부동산인도집행이 종료되었음에도 을이 이를 무단으로 점유**하자 **병이 소유권에 기한 방해배제청구권의 행사로서 을에게 건물의 인도를 청구**한 사안에서, 종전 확정판결 및 그에 기한 적법한 인도집행이 종료되어 을의 임차인으로서의 점유가 상실되었으므로 **을에게 임차권에 기초한 적법한 점유권원이 인정되지 않는다**는 등의 이유로, 이와 달리 본 원심판단에 법리오해의 위법이 있다고 한 사례(원고 청구 인용해야).

이로써 선행소송의 각하판결에서 확정한 **소송요건의 흠결이 보완**되었다고 보아 위 소가 각하판결의 기판력에 저촉되어 부적법하다는 국가의 본안전항변을 받아들이지 않은 원심판단을 정당하다고 한 사례.

35. 대법원 2025. 06. 12. 선고 2024다315527 판결 [매매대금] ★

승소 확정판결을 받은 당사자가 전소의 상대방을 상대로 **다시 승소 확정판결의 전소와 동일한 청구의 소를 제기**하는 경우 **후소는 권리보호의 이익이 없어 부적법**하고, 이는 **외국법원에서 제217조의 승인요건을 갖춘 승소 확정판결**을 받은 당사자가 전소의 상대방을 상대로 **다시 우리나라 법원에 동일한 청구의 소를 제기한 경우에도 같다.**

제217조 제1항 제4호는 **외국법원의 확정재판 등의 승인요건**으로 '상호보증이 있거나 대한민국과 그 외국법원이 속하는 국가에 있어 확정재판 등의 승인요건이 현저히 **균형을 상실하지 아니하고 중요한 점에서 실질적으로 차이가 없을 것**'을 규정하고 있다. 이에 의하면 우리나라와 외국 사이에 동종 판결의 승인요건이 현저히 균형을 상실하지 아니하고 **외국에서 정한 요건이 우리나라에서 정한 그것보다 전체로서 과중하지 아니하며 중요한 점에서 실질적으로 거의 차이가 없는 정도**라면 제217조 제1항 제4호에서 정하는 **상호보증의 요건을 갖춘 것**으로 보아야 한다. 이러한 상호보증은 외국의 법령, 판례 및 관례 등에 의하여 승인요건을 비교하여 인정되면 충분하고 **반드시 당사국과 조약이 체결되어 있을 필요는 없으며, 해당 외국에서 구체적으로 우리나라의 같은 종류의 판결을 승인한 사례가 없다고 하더라도 실제로 승인할 것이라고 기대할 수 있을 정도이면 충분**하다. 법원은 외국재판의 승인요건이 충족되었는지에 관하여 **직권으로 조사**하여야 한다(제217조 제2항).

« 기판력의 객관적 범위 »

36. 대법원 2023. 07. 13. 선고 2023다223591 판결 [건물등철거] ★★

등기원인의 존부에 관하여 분쟁이 발생하여 당사자 사이에 소송이 벌어짐에 따라 법원이 위 **등기원인의 존재를 인정하면서 이에 기한 등기절차의 이행을 명하는 판결**을 선고하고 그 판결이 **확정**됨에 따라 이에 기한 소유권이전등기가 마쳐진 경우, 그 등기원인에 기한 등기청구권은 법원의 판단에 의하여 당사자 사이에서 확정된 것임이 분명하고, **법원이나 제3자도 위 당사자 사이에 그러한 기판력이 발생하였다는 사실 자체는 부정할 수 없는 것**이므로, 위 **기판**

력이 미치지 아니하는 타인이 위 등기원인의 부존재를 이유로 **확정판결에 기한 등기의 추정력을 번복**하기 위해서는 **일반적으로 등기의 추정력을 번복함에 있어서 요구되는 증명의 정도를 넘는 명백한 증거나 자료를 제출하여야** 하고, 법원도 그러한 정도의 증명이 없는 한 확정판결에 기한 등기가 원인무효라고 단정하여서는 아니 된다.[18]

기판력의 주관적 범위

37. 대법원 2023. 06. 29. 선고 2021다206349 판결 [부당이득금] ★★

전소판결의 소송물은 **채권적 청구권인 부당이득반환청구권**이므로 원고가 전소판결소송 변론 종결 뒤에 **토지의 소유권을 취득**하였다는 사정만으로는 전소판결의 기판력이 미치는 **변론을 종결한 뒤의 승계인에 해당할 수 없다.** 나아가 전소판결의 소송물인 부당이득반환청구권은 소외 1(전소 원고)의 토지 소유를 요건으로 하므로, 이 사건 토지 소유권이 소외 1에서 다른 사람으로 이전된 이후에는 더 이상 발생하지 않고, 그에 대한 양도도 있을 수 없다. 따라서 자신이 **토지의 소유권을 취득한 이후의 부당이득반환을 구하는 원고**로서는 전소판결 소송의 **소송물을 양수한 변론을 종결한 뒤의 승계인에도 해당하지 않는다.**[19]

18 해당 판결은 부동산에 소유권이전등기가 마쳐지면 등기명의자는 그 전 소유자는 물론 제3자에 대하여도 적법 등기원인으로 소유권 취득 추정되고 다투는 측에서 무효사유 주장·증명해야 한다는 점, 토지에 점유취득시효 완성으로 소유권이전등기 마쳐진 경우에 제3자가 등기명의자의 취득시효 기간 중 일부 기간 동안 해당 토지 일부를 직접적·현실적 점유한 사실이 있다는 사정만으로 등기 추정력 깨지지 않는다는 내용도 함께 판시하였음

19 원심은 원고가 소외 2를 거쳐 소외 1로부터 전소판결에 따른 부당이득반환청구권을 묵시적으로 양수하였으므로 기판력이 미치는 제218조 제1항의 변론 종결 후 승계인이라고 보면서 원고의 부당이득반환청구의 소를 각하했으나, 대법원에서 파기됨

« 판결 »

38. 대법원 2023. 08. 18.자 2022그779 결정 [판결경정] ★

판결의 경정이 가능한 오류에는 그것이 **법원의 과실로 인하여 생긴 경우**뿐만 아니라 **당사자의 청구에 잘못이 있어 생긴 경우도 포함**되며, 경정결정을 함에 있어서는 그 소송 전 과정에 나타난 자료는 물론 **경정대상인 판결 이후에 제출되어진 자료도 다른 당사자에게 아무런 불이익이 없는 경우나 이를 다툴 수 있는 기회가 있었던 경우**에는 소송경제상 이를 참작하여 그 오류가 명백한지 여부를 판단할 수 있다.[20]

39. 대법원 2023. 04. 27. 선고 2021다276225 판결 [소유권말소등기] ★★★

소송서류 등이 **공시송달**의 방법으로 송달되어 **확정된 제1심판결문을 기초로** 등기권리자가 **소유권이전등기**를 마쳤으나 이후 제기된 **추후보완항소에서 제1심판결이 취소**되고 등기권리자의 **청구가 기각**되었다면, **등기의무자로서는** 이미 등기명의를 이전받은 등기권리자를 상대로 위 **추후보완항소 절차에서 반소를 제기**하거나 **별도로 소를 제기**하여 **소유권이전등기의 말소등기절차**를 구할 수 있다.

« 청구의 병합 »

40. 대법원 1993. 12. 21. 선고 92다46226 전원합의체 판결 [임대료] ★
대법원 2023. 04. 27. 선고 2021다262905 판결 [손해배상(기)] ★

선택적으로 병합된 수개의 청구를 **모두 기각하거나 소를 각하한 항소심판결**에 대하여 **원고가 상고**한 경우, 상고법원이 선택적 청구 중 **어느 하나의 청구에 관한 상고가 이유 있다고 인정**할 때에는 **원심판결을 전부 파기하여야** 한다.

20 누락된 상속인이 수계하지 않은 채로 판결이 확정된 경우, 확정판결에 존재하는 상속인들의 지분은 누락상속인의 지분을 고려하여 변경하는 '판결경정'의 대상이 되지만(공동상속인 전원이 지급해야 할 전체 금액은 변하지 않으므로 판결 내용이 실질적으로 변경되는 것은 아님), 누락 상속인 자체를 주문에 반영하는 식의 판결경정은 불허된다는 사례(누락 상속인은 중단된 상태의 항소심에 수계하는 방식으로 해야. 상세히는 '중단·수계'에서 전술)

41. 대법원 2024. 07. 25. 선고 2021다239905 판결 [청구이의] ★

채권적 청구권에 기하여 **물건의 인도**를 구함과 동시에 그 **집행불능에 대비하여 손해배상**을 구하는 경우, 그중 **대상적 급부인 손해배상청구**는 **민법 제390조의 이행불능으로 인한 전보배상** 또는 **민법 제395조의 이행지체로 인한 전보배상**을 구하는 것으로서, 이러한 청구의 병합은 **현재의 급부청구인 본래적 급부청구**와 **사실심 변론종결 후에 발생하는 장래의 급부청구인 대상적 급부청구**의 **단순병합**에 해당한다. 대상적 급부로서 이행지체로 인한 전보배상을 구하여 본래적 급부의 이행과 함께 대상적 급부의 이행을 명한 판결이 선고되고, 그에 기초하여 **본래적 급부에 대한 강제집행에 착수**하였으나 그것이 **집행불능**이 되어 **대상적 급부청구권이 발생**하면, **채권자는 본래적 급부에 대한 수령을 거절**할 수 있게 된다(민법 제395조 참조). 따라서 **그 후 채무자가 임의로 본래적 급부를 제공**하더라도 채권자가 이를 수령하는 등의 특별한 사정이 없는 한 그로써 **바로 본래적 급부에 관한 의무 이행의 효력이 발생한다고 볼 수 없다.**

나아가 가집행선고부 판결의 집행력은 후일 본안판결 또는 가집행선고가 취소·변경될 것을 해제조건으로 그 선고 즉시 발생하므로, 본래적 급부의 이행과 함께 대상적 급부의 이행을 명한 판결이 확정되기 전에 그 **가집행선고부 판결에 기하여 한 본래적 급부에 대한 강제집행이 집행불능**에 이른 경우에도 이후 위 **판결 또는 가집행선고가 취소·변경되지 않는 한 그 집행불능의 시점에 대상적 급부청구권이 발생**한다.

42. 대법원 2024. 12. 12. 선고 2021다300173 판결 [손해배상청구] ★★

수 개의 청구가 **선택적으로 병합**된 사건에서 법원이 원고의 청구를 **인용**할 경우에는 선택적으로 병합된 수 개의 청구 중 **어느 하나를 임의로 선택**하여 심판할 수 있다. 원심이 수 개의 선택적 청구 중 **하나의 청구에 대하여 일부만 인용하고 나머지 청구는 기각**하여 **원고와 피고가 모두 상고 또는 부대상고**를 하였고, 그중 **피고의 상고가 이유 있어 원심판결을 파기**할 경우, 상고심은 **원심판결 중 피고 패소 부분 외에 나머지 청구 중 피고 패소 부분에 대응하는 부분까지 함께 파기하여야** 한다. 이러한 법리는 **성질상 선택적 관계**에 있는 청구를 **당사자가 심판의 순위를 붙여 청구한다는 취지에서 예비적으로 병합한 경우에도 마찬가지**로 적용된다.

반소

43. 대법원 2024. 12. 12. 선고 2022다200317 판결 [채무부존재확인] ★★

제412조 제1항은 상대방의 심급의 이익을 해할 우려가 없는 경우 또는 상대방의 동의를 받은 경우 항소심에서 반소를 제기할 수 있다고 규정하고 있고, 여기서 **'상대방의 심급의 이익을 해할 우려가 없는 경우'**란 **반소청구의 기초를 이루는 실질적인 쟁점**이 **제1심에서 본소의 청구원인 또는 방어방법과 관련하여 충분히 심리**되어 상대방에게 제1심에서의 심급의 이익을 잃게 할 염려가 없는 경우를 말한다.

소송승계

44. 대법원 2023. 02. 23. 선고 2022다285288 판결 [배당이의] ★★

배당이의의 소의 원고적격은 **채무자** 또는 **배당기일에 출석하여 배당표에 대하여 이의를 진술한 채권자**에 한하여 인정되나, **담보권 실행을 위한 경매**에서 **경매목적물의 소유자**는 위 채무자에 포함된다. 이때 **채권자는 자기의 이해에 관계되는 범위 안에서만 다른 채권자를 상대로** 채권의 존부·범위·순위에 대하여 이의할 수 있으나(민사집행법 제151조 제3항), **채무자나 소유자는 이러한 제한이 없으며**(동법 제151조 제1항), 채무자나 소유자가 배당이의의 소에서 승소하면 집행법원은 그 부분에 대하여 배당이의를 하지 아니한 채권자를 위하여서도 배당표를 바꾸어야 하므로(동법 제161조 제2항 제2호), 채무자나 소유자가 제기한 배당이의의 소는 피고로 된 채권자에 대한 배당액 자체만이 심리대상이어서, 원고인 채무자나 소유자는 피고의 채권이 존재하지 아니함을 주장·증명하는 것으로 충분하고, 자신이 피고에게 배당된 금원을 배당받을 권리가 있다는 점까지 주장·증명할 필요는 없다. 따라서 **채무자나 소유자가 배당이의의 소를 제기한 경우의 소송목적물**은 **피고로 된 채권자가 경매절차에서 배당받을 권리의 존부·범위·순위에 한정**되는 것이지, **원고인 채무자나 소유자가 경매절차에서 배당받을 권리까지 포함하는 것은 아니므로, 제3자가 채무자나 소유자로부터 위와 같이 배당받을 권리를 양수**하였더라도 배당이의 소송이 계속되어 있는 동안에 **소송목적인 권리 또는 의무의 전부 또는 일부를 승계한 경우에 해당된다고 볼 수는 없다.**

상소

45. 대법원 2004. 08. 20. 선고 2003다1878 판결 [구상금] ★
대법원 2022. 07. 28. 선고 2021다293831 판결 [구상금] ★
대법원 2024. 10. 31. 선고 2023다310198 판결 [구상금]

소액사건에서 **구체적 사건에 적용할 법령의 해석에 관한 대법원 판례가 아직 없는 상황**에서 같은 법령의 해석이 쟁점으로 되어 있는 다수의 소액사건들이 하급심에 계속되어 있을 뿐 아니라 **재판부에 따라 엇갈리는 판단**을 하는 사례가 나타나고 있는 경우, 소액사건이라는 이유로 대법원이 법령의 해석에 관하여 판단을 하지 않은 채 사건을 종결하고 만다면 국민생활의 법적 안정성을 해칠 우려가 있다. 이와 같은 **특별한 사정**이 있는 경우에는 **소액사건**에 관하여 상고이유로 할 수 있는 **'대법원의 판례에 상반되는 판단을 한 때'**의 **요건을 갖추지 않았다고 하더라도 법령해석의 통일**이라는 대법원의 본질적 기능을 수행하는 차원에서 실체법 해석적용의 잘못에 관하여 **판단할 수 있다.**

46. 대법원 2023. 12. 28. 선고 2023다268686 판결 [부당이득금] ★
대법원 2024. 01. 25. 선고 2023다283913 판결 〔보험금〕 ★

상고법원은 상고이유에 따라 불복신청의 한도 안에서 심리한다(**제431조**). 따라서 상고이유서에는 **상고이유를 특정하여 원심판결의 어떤 점이 법령에 어떻게 위반되었는지를 구체적이고도 명시적인 이유로 기재하여야** 하고, 상고인이 제출한 상고이유서에 위와 같은 **구체적이고도 명시적인 이유를 기재하지 않은 때에는 상고이유서를 제출하지 않은 것으로 취급**할 수밖에 없다.

« 재심 »

47. 대법원 2024. 10. 08. 선고 2022다217056 판결 [하도급계약보증금] ★

제451조 제1항 제8호는 "판결의 기초가 된 민사나 형사의 판결, 그 밖의 재판 또는 행정처분이 다른 재판이나 행정처분에 따라 바뀐 때"를 재심사유로 정하고 있다. 이는 판결의 기초가 된 재판이나 행정처분이 그 후의 다른 재판이나 행정처분에 따라 확정적이고 또한 소급적으로 변경된 경우를 말한다. 여기에서 재판이 판결의 기초가 되었다고 함은 재판이 확정판결에 법률적으로 구속력을 미치는 경우 또는 재판내용이 확정판결에서 사실인정의 자료가 되었고 그 재판의 변경이 확정판결의 사실인정에 영향을 미칠 가능성이 있는 경우를 말한다.

위와 같이 **사실인정의 자료**가 되었다고 하는 것은 변경 전 재판내용 등이 확정판결 주문에 영향을 미치는 사실인정의 자료가 된 경우를 의미하므로, **변경 전 재판내용 등을 제외한 나머지 증거들에 의하여도 판결 주문에 아무런 영향도 미치지 않는 경우**에는 **위 재심사유에 해당되지 않는다.**[21]

21 甲주식회사가 乙주식회사에 공사 하도급했다가 공사계약 해지 통보 후 乙회사와 계약이행보증계약 체결한 건설공제조합을 상대로 계약이행보증금 지급 구하는 소 제기, 乙회사 귀책사유로 계약 해지되었음을 이유로 甲회사의 청구 모두 인용 판결(이하 '재심대상판결') 선고·확정 → 甲회사는 위 재심대상사건 소 제기 후 乙회사를 상대로 초과 지급된 공사대금의 지급 구하는 소 제기, 乙회사는 미지급 공사대금의 지급 구하는 반소 제기(이하 '관련사건'), 재심대상판결 선고 전 제1심법원은 乙회사의 귀책사유로 계약 해지되었다고 보아 乙회사의 甲회사에 대한 공사대금 지급의무 인정했으나, 재심대상판결 선고 후 항소심법원은 甲회사의 乙회사에 대한 미지급 공사대금 지급의무 인정 → 위 판결 확정 후 乙회사가 재심대상판결에 제451조 제1항 제8호 재심사유 주장하며 재심 청구 → 관련사건 쟁점인 '미지급 공사대금채무 잔존 여부'와 재심대상사건의 쟁점인 '하도급계약이 누구 귀책사유로 해지되었는지'는 서로 별개 쟁점, 양자가 논리 필연적 관계 없음, 미지급 공사대금채무 남아있다는 점만으로 계약 해지가 적법하지 않다고 단정하기 어려운 점 등 제반 사정에 비추어, 관련사건 제1심판결을 제외한 나머지 증거들만으로도 재심대상판결과 같은 사실인정 가능, 재심대상판결의 결론이 달라지지 않았을 것 → 관련사건 제1심판결이 재심대상판결의 판결의 기초가 되었다고 보기 어려우므로, 재심대상판결에 제8호 재심사유 인정할 수 없음

판례 색인

저자소개

변호사 **정연석**

저자약력

- 서울대학교 법학과 졸업
- 제50회 사법시험 합격(최상위권)
- 사법연수원 제40기 수료
- 금융권·공공기관 민사법 출제위원
- 정부기관 변호사 채용 면접위원
- 법무법인(유한) 정률 Partner변호사
- 現 메가로이어스 민사법 대표강사
- 現 메가변리사 민사법 대표강사

특강 및 저서(2025년 출간확정 포함)

- 변호사특강(서울대 법학과, 강원대/건국대/경북대/부산대/서강대/서울시립대/성균관대/아주대/인하대/전남대/전북대/중앙대/충남대/충북대 로스쿨)
- 로스쿨이야기(필통북스, 2017)
- The Basic 민법 條文·判例 총정리(도서출판 정독, 제5판, 2025)
- The Basic 민사소송법 條文·判例 총정리(도서출판 정독, 제4판, 2025)
- 로스쿨 민법의 정석(도서출판 정독, 제8판, 2025)
- 로스쿨 민사소송법의 정수(도서출판 정독, 신간, 2025)
- 로스쿨 가족법의 정석(도서출판 정독, 제8판, 2025)
- 2024 정연석 민법 Daily TEST(도서출판 정독, 2024)
- 2025 정연석 민사소송법 Daily TEST(도서출판 정독, 2025)
- 로스쿨 민법 사례형의 정석(도서출판 정독, 2024)
- 로스쿨 민사소송법 사례형의 정석(도서출판 정독, 신간, 2025)
- 로스쿨 민사 기록형의 정석(도서출판 정독, 제6판, 2025)
- 로스쿨 민사 사례형 기출문제집(도서출판 정독, 제5판, 2025)
- 로스쿨 민사 기록형 기출문제집(도서출판 정독, 제6판, 2025)
- 로스쿨 민법 선택형 기출문제집(도서출판 정독, 제4판, 2025)
- 로스쿨 민사소송법 선택형 기출문제집(도서출판 정독, 제4판, 2025)
- 로스쿨 민사 선택형 최신·빈출지문 3000(도서출판 정독, 제4판, 2025)
- 로스쿨 민법의 정석 판례총정리(도서출판 정독, 제4판, 2025)
- 최신 2.5개년 대법원 민사판례 총정리(도서출판 정독, 제4판, 2025)
- 변리사 민법의 정석(도서출판 정독, 제2판, 2025)
- 변리사 민사소송법의 정석(도서출판 정독, 신간, 2025)

[2023. 01. 01. ~ 2025. 06. 30.]

최신 2.5개년 大法院 民事判例 총정리

초판 발행 2022년 9월 15일
2023년판 발행 2023년 9월 15일
2024년판 발행 2024년 9월 27일
2025년판 발행 2025년 9월 26일

지은이 정연석
펴낸이 김중용
편 집 심성보
펴낸곳 도서출판 정독
경기도 고양시 일산서구 하이파크로 113, 102-204
등록 제406-2014-000093호
전 화 031)924-7203 팩 스 031)935-0345
홈페이지 www.jeongdok.co.kr 이메일 admin@jeongdok.co.kr
ISBN 979-11-6858-408-2 93360

정 가 13,000원